Vocal 帶著媽媽去壯遊 38 天，在瑞士的藍湖留影紀念。

神媽媽總是記得孩子愛吃的食物，常常下廚做飯，她忙碌的背影是孩子們的共同回憶。

（左）美麗的神媽媽與 Vocal。（右）神老師、神媽媽與 Vocal。

（上）沈慧蘭（殺手蘭）與 Vocal。（下）神老師以前很疼弟弟 Vocal，常用打工的錢帶他去吃飯買衣服看玩具，合影於台北已結束營業的玩具反斗城。25 年後，由 Vocal 邀請神老師再次來到當年合影處再度合照。

Vocal 找神媽媽去九份玩，在經典的豎崎路上留下紀念。

在瑞士的阿爾卑斯山上，神媽媽就像個年輕人般的有活力，
總能用正面的情緒來享受旅行。

（上）在義大利的米蘭主座大教堂前，神媽媽與活潑的鴿子群互動形成了完美的畫面，也是完美的回憶。（下）Vocal 偷偷給神媽媽驚喜，租了雪橇一起體驗，兩個人玩得不亦樂乎。

在下大雪、零下近 20 度的黑龍江雪山中自得其樂搞笑的 Vocal。

追夢一家

時而堅韌、時而溫柔，
那些神媽媽教會我的人生大小事

沈雅琪、沈慧蘭、沈昌賢——合著

推薦序

那些不平凡的人總說自己很平凡，總把成就歸功給他人

——陳志恆

好幾年前就開始追蹤「神老師」沈雅琪的臉書粉專，每天一篇心情分享，是我和許多粉絲的精神食糧。慢慢的，認識到神老師除了是一位資深國小導師外，還是特殊兒的家長，近年來更不斷為照顧特殊需求的孩子籌措經費、四處奔波，甚至與體制衝撞。

神老師很神，弟弟妹妹也是傳奇人物。一個是曾代表台灣參加電競比賽的「電競說書人Vocal」沈昌賢，一個是放棄教職改行跑賽車，同時也是抗癌鬥士的「殺手蘭」沈慧蘭。他們也都是擁有大量粉絲的高人氣網紅。

他們三人一起出書，書寫自己的故事，也談自己的人生如何受到母親「神媽媽」身教與言教的影響。他們走的都是非典型的職涯路，特別是Vocal和殺手蘭，憑著一股天生的熱情或獨有的天分前進，沒想到過程中困難重重，箇中滋味外人難以想像。

他們的追夢故事相當勵志，所有想選擇走非典型職涯路線的年輕人，

都可以從中獲得激勵。他們雖然現在成就非凡，也受人注目，但這家人卻有個共同點：他們都認為自己只是個平凡的人——憑著熱情、努力和不少機運走到今天。而他們也都把自己的成就歸功給別人，特別是他們的母親神媽媽。

這本書分別從姊弟三人的視角，敘說母親是如何陪伴、關愛與支持著家中的幾個孩子。神媽媽就像天下所有的父母一樣，也會擔憂與心疼孩子，不忍孩子受苦；對於孩子走向非典型的職涯路，也會感到憂慮。儘管如此，神媽媽不是阻擋與勸退，而是與孩子討論，問孩子打算怎麼做，最後尊重孩子的選擇。

神媽媽認為，自己其實對這些領域也不甚了解，與其強力反對、孩子仍然一意孤行，不如給孩子機會去嘗試，大不了失敗了再來一次。

當神老師大學聯考失利，賭氣之下決心不再準備重考時，神媽媽也只是和當時年輕的神老師談談：「不準備重考，妳之後要做什麼？」要孩子想清楚，接著就是尊重。

神老師也在體驗到職場的辛苦後，才又決定回過頭來準備重考。

神媽媽是如何做到即使擔憂，仍願意信任孩子、大膽放手呢？這本書值得許多為孩子前途焦慮的家長們閱讀並學習。

其實，我也是一個走向非典型職涯路線的人。研究所畢業後，我曾在中學教書快十年，工作相當穩定，也符合父母的期待；後來，我的人生急轉彎，毅然決然辭掉教職，成為自由工作者，過著演講、授課與寫作的斜槓路線，同時也經營粉絲專頁。

所以，讀到本書作者三人的故事時，相當有共鳴。當你想走一條與眾不同的路，其實內心是孤獨的。你會擔心自己不被看好，你會害怕讓父母失望，但為了傾聽與順從內心的渴望，你得努力去證明自己做得到。

其實，這三人的母親神媽媽也不曾放棄圓夢。年過半百，仍力抗另一半的反對，重拾筆硯、回到校園，就這樣一路念到了大學畢業，果然是「追夢一家」。

大人怎麼做，孩子就怎麼學。你希望孩子擁有什麼德行或特質，那就親身示範給他們看吧！

陳志恆

諮商心理師、暢銷作家，曾任中學輔導教師、輔導主任，現為台灣 NLP 學會副理事長。著有《陪伴孩子高效學習》、《脫癮而出不迷網》、《正向聚焦》、《擁抱刺蝟孩子》及《受傷的孩子和壞掉的大人》等書。

推薦序

我們也有追夢一家

——大師兄

其實在看這本書的過程，我無數次想起我的家人。

一直以來我是一個很乖很聽話的人，所以在成長的過程裡，長輩叫我做什麼，我是都不會反抗的，就是一個乖乖的照著他們安排去走的人。

而我兩個妹妹，從小就有她們的夢想。高中直接選職校，然後去學美容美髮，甚至大妹那時候去學習當年剛開始流行的美甲，然後畢業沒幾年後存了錢，自己開了一家美甲店，一直到現在已經是當地還滿有名氣的一家店了。

國中時候的她成績不錯，但是一心想讀職校，所以她做了一件很難想像的事情：她學測的時候故意考得不好。

當然，結果就是被老爸一頓打，然後逼她重考。那時候的她一直哭一直哭，但是她不願意妥協，大聲的跟我爸爭執。就當我爸舉起手還要再給她一個巴掌的時候，我跳了出來，挨了這一巴掌。然後錯愕的爸爸氣不打一處來，連我一起揍，當時我跟妹妹被他揍了一頓。後來說不定也是因為這一頓，妹妹有了去職校的機會，也有了現在那麼棒的她。

那年大妹有問我，為什麼要跳出來跟她一起被打？我雖然鼻青臉腫，但還是笑著跟她說：「因為妳是我妹呀！我當然挺妳！」

其實這也是為什麼當初出版社找我的時候，我很想推薦的原因。我在書上看到了跟我家一樣濃厚的手足之情，還有一點也很像：都有一個支持我們、了解我們的母親。

在我一開始看到Vocal說「致那些非典型的夢想」時，其實我也非常有感覺，因為後來的我，也是做那些別人通常不會想去做的工作。很多時候有人問我為什麼要做這行，我總是會說：「因為做起來，我覺得非常有成就感。」

這就夠了，這真的就夠了。

當我看到殺手蘭的叛逆童年的時候，我也想起我的小妹，她也是個很叛逆的孩子，而現在長大後，也是非常的有個性。

在我看到神老師那些為了特教生努力，以及家裡妹妹的故事時，我在咖啡店直接落淚。

我不知道如何形容我看到那些故事的感動，但是那帶給我很多力量，也讓我在去學校跟孩子們分享的時候，可以用更溫暖的角度去帶他們感受。

真的非常榮幸有機會可以替這本書寫幾句話，也覺得自己很幸運，因為我跟妹妹的情感，也不輸給神老師姊弟！

也很希望看過這本書的大家，可以跟我一樣有滿滿的共鳴、感動及收穫。

非常值得一看！

大師兄

PTT 媽佛版「接體員的大小事」系列文章原作者。著有《火來了，快跑》、《比句點更悲傷》、《你好，我是接體員》等書，臉書：「BigBrother 大師兄」。

推薦序

愛是一切的解答

——優格、殺梗

拜讀《追夢一家》的過程當中，我一直被一股能量環繞著，噢！忘了說我是感受性人類（笑）。這股愛的能量讓我想到：愛是一切的解答。

我想能分為三種層次的愛：

有母親跟孩子、孩子跟手足之間——那種無私且彼此支持的力量。

有我跟世界之間——面對現實的環境，能看到追夢一家的每一位孩子看待困境的共同點，就是「接納」。像神老師在書中說的「挫折是偽裝的祝福」，一種兵來將擋、水來土掩的堅韌生命力。

最後是我與自己之間——能夠信任自己內在的熱情，勇敢走自己選擇的道路，其實這就是「愛自己」的展現。像是自認全家最叛逆的殺手蘭，因為熱愛汽車而放棄安穩的小學教師工作，轉職賽車手；又像是神媽媽在五十歲時戴起老花眼鏡、重拾課本，一圓大學畢業的夢想。

多虧好友Vocal的序文邀請，才能在拜讀完書稿的此時，也為我自己解惑了！原來夢想不是指去完成某件事情，而是一種頻率，那個頻率就是我們內在的熱情。

Vocal在書中形容：「熱情像每一個公車站，小小的、近近的，一下子就能欣賞到自己的每個改變，久了，不知不覺就帶你到了遠方。」

真是如此，那是一處比你頭腦能想像到更美好的所在。這讓我想到我很欣賞的一位台灣廣告導演「盧導」常鼓勵大家的：「去創作吧！」創作並不是只有會畫畫的人、會寫書的人才能做的事，而是生命的存在本就是一場創作，作品好壞不是重點，而是過程中能獲得無法形容的快樂，創作不為了誰，是為了自己，你是自由的！

《追夢一家》講述著夢想、自我價值探索、家庭相處，非常適合已為人父母的讀者，或是追尋夢想的所有人，藉著書中作者們珍貴的親身體驗，讓讀者有機會能跟著跳往另一個維度，用作者們的視野看世界！

書中太多無法簡單敘述的人生應對智慧，我個人特別喜歡「神媽媽」的隨筆小留言，格外溫暖！

這是一本當我內心偶爾沒有力量時會想拿出來重讀的書，很適合想藉著閱讀調整自身頻率的人。在此真誠的推薦給大家了！

愛人、愛世界、愛自己，

愛是一切的解答。

祝福每一位勇敢愛的人類。

優格（Doremi 姐姐）

小芙尼家族創辦人，曾任台灣優視親子台節目主持人及 Twitch 實況主。在產後陷入不認識自己的憂鬱二寶媽，透過寫字整合了自己的人生，療癒人生傷口，從自我懷疑到感謝自己。

殺梗（Xargon）

台灣射擊遊戲電競代表選手，代表台灣參加 WCG 世界電子競技大賽、IEM 英特爾極限高手盃、ACON5 世界電腦遊戲大賽、ESWC 等國際賽事，於服兵役後退居幕後，目前為知名全職實況主。

前言

致那些非典型的夢想

——Vocal

「Hello 現場以及網路上的觀眾朋友們，我是 Vocal 沈昌賢，歡迎收看 AEL 職業聯賽！」

大部分的人認識我，都是從電競領域開始，因為「電競」對渴望成為明星選手的年輕人來說，猶如一場美夢、一種憧憬。然而，在電競產業中，我看過更多人雖然有遠大的夢想，卻沒有機會踏出實踐的步伐。

這個世代的年輕人一方面在網路上看到各種形式的成功和可能性，另一方面好好讀書就業也還是一條傳統、相對穩當的路。當社會上有多條無形的新舊軌道，默默誘惑和比較著每個人的成就高低時，要勇敢追尋非典型的夢想，絕對沒有看起來那麼簡單。

每當我回到理想的原點，總會想起母親。五十歲的她工作之餘，戴著老花眼鏡重拾書本，從國中學歷開始，直到一圓大學畢業的夢想。是母親的勇氣，鼓勵我們從殘酷的現實中膽敢分配精力在不被看好的理想上；是母親的以身作則，造就出追夢者的家庭。

而我身為家中老么，在我之上還有五位姊姊，在媽媽的潛移默化之下，我們每個人都在鍾愛的領域發光發熱。四姊是臉書擁有三十二萬追蹤人數的「神老師」，善良的她總是透過神來之筆，為大家帶來巨大的能量；五姊是人稱「殺手蘭」的賽車手，她以超乎常人想像的意志力，成為海內外少見且出色的女車手；而我從一個打電動的孩子，成為曾代表台灣的電競選手、電競主持人、賽事評論員、賽事舉辦者、攝影旅行家、自媒體經營者，用自己的人生經驗，試著回頭去反饋社會、引領有網紅或電競夢的孩子找到人生方向。

每個人走每條路，機運都有些不同，在我們的故事中，會看見築夢的路上有桃花源也有修羅場，而不變的是我們的青春各自動盪。當有天回過頭來，會赫然發現，人生路上看似胡搞瞎搞的歷程都沒有白走，就算目標與理想有所變動，但只要認真活在每個當下，都會有很棒的體會留在身上，而我們在追夢的過程中學會冒險，也學到務實，在不斷的前進中，找到人生的方向。

目次

CH2

夢想的養分：我們家，有個神媽媽

CH3

給未來能量：設計自己的人生

CHAPTER

1

所謂夢想，就是活出渴望的樣子

六個兄弟姊妹，各有天命，
有代表台灣的電競選手、有頂尖賽車手，
有為弱勢學生發聲的教師作家，
有旅居海外，也有成功的企業經營者……
我們是平凡但是有夢的家族，
沒有優渥背景、沒有天才基因，有的只是大膽往前走的勇氣。
走想走的路，看不同的風景，
無論順流或逆流，都活出屬於自己的自由。

從台灣電競代表選手到網路說書人

——Vocal

一九八〇年代的某一天我們去了外婆家，在外婆家待了一會後，向來嚴肅寡言的爸爸可能覺得有點無聊，於是笑咪咪的叫我跟他一起去外面逛一逛。汐止老街上的招牌五光十色，爸爸快步走在前頭，我亦步亦趨的緊緊跟隨，有點茫然、不清楚目的地，沒想到，拐了幾個彎，他竟然帶我走進一家我就算猜個八百次也猜不到的電玩店！我驚訝到還沒回過神時，爸爸已經迅速結帳，手中提著一個大大的透明塑膠袋，裡頭裝的是足以讓所有孩子瘋狂的任天堂紅白機！

那已經是我讀小學的事，儘管回憶已大半模糊，但我卻清楚記得，那是我長大至今，唯一一次和爸爸單獨出去逛街。

一切太不可思議了，我幾乎快忘記那天怎麼回家的，只記得沿途爸爸依然大步走在我前面，我看著他的背影，還有他手中那個不斷隨著腳步起起伏伏的大袋子。回程路上，我的腳步輕飄飄的，就像踩在雲端，眼前這一切是連作夢都不曾想過的事。甚至於多年後的現在，我依然覺得那是謎樣的一天。

從大學開始算起，我已經在電競產業打滾超過二十年，看著市場從一片荒蕪到如今百家爭鳴，即便出這本書的當下已經超過四十歲了，但只要一坐在主播台上面對觀眾，心情仍會隨著賽事戰況而沸騰，在槍林彈雨的遊戲畫面中，總會想起那個單純享受任天堂遊戲的小小男孩，懷念起在網咖和隊友奮戰到深夜的激情，以及鄉下小子第一次出國比賽的震撼！

爬梳自己的生命歷程，這才發現「夢想」其實是從意想不到的小處萌發，無意間就領著我們走在追夢路上，沿途由熱情、親情和機遇支撐自己，伴我走過低潮與迷惘，也將斑斕壯闊的風景盡收眼底，隨著電競產業這二十年來在海內外的蓬勃發展，我也從中體驗到高低起伏、五光十色卻又有如冒險闖關的人生。

一直玩一直玩，是可以出國比賽嗎？

在我小學那個年代，任天堂的紅白機在台灣紅遍大街小巷，但電玩之於我們家根本是可望而不可及的事物，我只能從同學口中認識這種來自日本的家庭電玩，同學們在班上互相交流任天堂的各種遊戲卡帶、攻略，下課後相互邀約到家中PK，看著大家聊得起勁，插不上話的我總是在旁偷偷羨慕著。但我不敢向爸媽開口，因為我心裡明白，總是為經濟情況煩惱的母親，為了家裡的生意焦頭爛額，父親向來嚴厲又節儉，絕對、絕對不可能讓我和其他朋友一樣也擁有一台拉風的紅白機。

父親是個正經八百、嚴肅又嚴格的大男人，訓人的時間永遠比微笑多，這樣充滿威嚴的父親，竟然會帶我去買電玩？我前陣子回想起這件千古之謎時曾問爸爸，當年為什麼突然送我那台紅白機？他只淡淡的回答：「有嗎？」他大概從來沒想過，原來兒子走上電競之路，他也推了一把，而且可能是關鍵的一把。

即使得到電玩，但後來的故事可想而知，我變成家人眼中抱著電視不放的電動兒童，我的一顆心隨著電玩起起落落，甚至為了要能夠好好打電動，小學時每天放學回家總是拚全力寫完功課，然後就坐定在電視機前打任天堂。當時正紅的《月風魔傳》、《勇者鬥惡龍》、《吞食天地諸葛孔明傳》都是令我著迷的遊戲，我甚至還瘋狂存錢到去書局找《華泰攻略本》、《疾風之狼攻略》，像獲得武功祕笈的少年，逮到時間就上機苦練！

雖說遊戲機是爸爸送的珍貴禮物，但我就跟其他九十九%迷上電動的孩子一樣，在家裡常常上演因為太愛打電動被爸爸責罵的戲碼。有幾次他走過我身後，忍不住唸：「一直玩一直玩，啊是可以打到粗夠逼賽（出國比賽的台語）嗎？」

哇！我爸真的很會猜，因為連我都不曾想過，長大以後，會因為最愛的電玩遊戲嚐到人生的大勝利——在二〇〇四年，我在ESWC電競世界盃竟然奪得台灣冠軍，被爸爸說中了，我真的披上戰袍，成為代表台灣去法國比賽的電競選手！

在迷霧中摸索夢想的輪廓

雖然小時候常常因為打電動跟爸爸起衝突，但我心裡倒是知道，我不是什麼壞小孩。隨著考上國中資優班、聯考考進了台北的高中，背負著沉重的課業壓力，我也不得不被現實逼迫而短暫告別電動的世界，直到終於成為大學生並獨自搬到淡水，天天滿是作業和考試的課業壓力不見了，才享受到自由的滋味。

大家都知道，離家外宿就得由自己來管理自己，但我那時候還是個青澀的小子啊，缺乏自律的成熟度，所以剛上大學的那段時光，作息常日夜顛倒，非常不健康，不過因為課業壓力小了，大學那幾年可說是我人生中擁有最多餘裕時間去嘗試夢想的時光。我給自己的標準是學業成績至少要低空飛過，至於其他時間，我盡可能發展所有想做的事情。但說穿了，年少輕狂，對未來的想像仍是一團朦朧，我做了很多看似胡搞瞎搞的冒險與嘗試，像是到處到各種服務業打工、學街舞、苦練機車競技、經營「無名小站」的穿搭部落格、玩樂團，甚至與音樂製作公司簽了約，培訓了一年，夢想出道當歌手。雖然最後這些夢幻泡泡一個個破滅，只有電競真的有了正面結果，但也因此讓我在迷霧中逐漸摸索出最適合自己的一條路，並得到非常多寶貴的人生經驗。

回顧我自己走電競路的故事，二〇〇〇年時，隨著家用網路普及，差不多也是街機遊戲被法律限制，熱潮逐漸轉到網路遊戲的年代，其中又以「CS」《絕對武力》（Counter-Strike，以下簡稱 CS）最受玩家喜愛，我相信那個年代有很多男孩都體驗過在網咖裡「請你吃芭樂」的樂趣！但當時我休假時多是泡在基隆的電動遊戲間打《格鬥天王》的機台，號稱是打遍天下無敵手的「基隆之虎」，剛開始看朋友天天窩在網咖，心想不知道ＣＳ到底在紅什麼？

有一次參加國中同學會，結束後昔日同窗好友相約到網咖打ＣＳ，雖然我對泡網咖一點興趣也沒有，但看著兄弟們期待的眼神，我只好跟著去網咖續攤。

登入ＣＳ的遊戲前，必須設定自己的ＩＤ，我一時不知道要取什麼名字，想到我高中社團活動時在樂團當主唱，就隨手輸入「Vocal」，後來也覺得這個暱稱符合我的愛好又好記，於是一時興起的ＩＤ，就成為我行走江湖的名號。

ＣＳ是一款以團隊合作為主的第一人稱射擊遊戲，就在那天下午，我就此莫名的迷上虛擬世界，眼前所見的一切簡直太迷幻了，竟然有個遊戲，可以讓我和好朋友們都化身為虛擬人物，在網路世界打一場驚心動魄的城市槍戰！這可不是平常生活裡有機會體驗的啊！

也許是個性的關係，我除了享受遊戲帶來刺激快感，更喜歡看著自己不斷進步、贏得勝利。打著打著我就認真了，簡直被ＣＳ牢牢黏住，從那天起，我時常流連的地方，從撞球間或電動間裡的遊戲機台，變成學校附近的網咖。我跟大學同學組隊參賽，幾個大男生常常被理著小平頭的國高中生電得慘兮兮，但大家縱使玩得灰頭土臉，卻笑得很開心。

後來流行過了，國中同學也好，大學同學也罷，大家都從ＣＳ的世界畢業了，只剩我還沉迷其中。其實我當時根本沒想過要成為電競選手，只是單純愛打電動，但就因好勝心強、不服輸，很容易一頭栽進有興趣的領域，以現在標準來看絕對會被說太過投入了。我每天泡網咖，認真鑽研遊戲技巧，打到後來成績越來越好，甚至在圈內闖出知名度。到後來，只要我登入遊戲，對話框就會不斷跳出大家的招呼，彷彿被罩上光環，在學業上找不到的成就感，在網路的世界裡通通都得到了。

泡網咖打電動，其實沒那麼好混

後來我遇到一些志同道合的朋友，我們互相切磋，交換比賽心得與資訊，當時不一定人人家中有電腦，但我們已經開始計畫性的在網咖花錢自主訓練，並組隊參加小型比賽，先從地區性的網咖起步，然後陸續參加全台灣的比賽。

雖然我們在地區賽事打出不錯的成績，但一旦接觸到水準更強大的隊伍，就發現我們根本嫩得很，常常連怎麼被擊倒的都不知道，剛開始充滿挫折，往往練習一整天，一路輸到半夜，才疲憊又無力的回家，而且又把僅有的零用錢也花光了。

在電競產業的草創時期，各地區賽事根本沒什麼大規模的獎金制度，更別說贊助商了，我們只能拿零用錢或工讀金在網咖「包台」培訓。泡網咖需要體力，更需要很多資金，於是我把打工的錢都拿來練習遊戲，有時候去加油站做夜班工作，或是後來到錢櫃站大夜班，假日在餐廳端盤子，一筆一筆的收入都是我鑽研遊戲的資金，直到開始有些成績後，才漸漸靠著比賽獎金延續自己對CS的熱情。

幾年下來，台灣電競比賽的機會漸漸增加，而我們也在CS的領域打出知名度，有些團隊對我發出邀請，經過幾次挖角，我終於進入當時國內最強大的前幾名隊伍。

這時我已經大學三年級了，一路堅持了三年，終於讓自己與夥伴憑著實力站在台灣數十萬的玩家之巔！我從小骨子裡就不服輸，除了追求成就感，挫敗時的「不爽」也會讓我不斷想練得更勤、更好。種種機運使我開始思考，或許可以給自己一次冒險的機會，嘗試踏上「電競」這條路。

不吵不鬧，我選擇默默的變強

在二十年前，「電競」的概念實在太新、太前衛了，別說長輩，連同輩之間都不太清楚電競到底在幹嘛，若是讓人聽見「我想當個電競選手」，大家只會直接回答：「唉呦，不就打電動嗎？」然後輕蔑的一笑。

所以如果我和家人說：「我想靠打電動賺錢！」想必很難被理解和支持，畢竟當時電競的市場只見雛形，反對也是很合理的。我心想，電競講求戰術嘛，於是面對家人，我自然也有一套應對的心法。

我心裡明白，在還沒有拿得上檯面的戰功之前，會被大家看輕也是自然的，但我那麼喜歡，也確實從中得到不少收穫，如果因為不被理解就放棄也太可惜了，所以我決定初期採用的戰術是「善意的緘默」，先不和家人談夢想，而是選擇自己先默默加強實力，盡量好好的磨練。

我當時心想，在未來漸漸有實績之後，再視情況慢慢讓家人明白。沒想到我的運氣真的不錯，恰好搭上電競產業起飛的順風車，接連幾年，電競漸漸蔚為風潮，電競賽事的消息在電視、網路上的能見度越來越高，而我也透過與隊友們的努力，在台灣各地賽事闖出知名度。

在我以玩家的身分踏入電競圈時，根本不知道電競的未來竟會發展得如此宏大，那時候難以想像也無法思考，只覺得電競是此時此刻美好的夢想，值得在當下付出青春與時間，窮盡心力往下挖，你看，年輕人就是這樣單純。

電競路上的奇遇，帶來了不同的人生故事

捉襟見肘自費訓練打比賽的日子過了好一段時間，我們終於被一家電競公司看上了！那是一次在士林網咖的賽事，我們和這間公司培訓的選手曾激烈交手，對戰過程中，電競公司的老闆對我們這幾個大學生非常感興趣，覺得我們值得投資，也有意提供贊助。所以在我們還只是地區性比賽的冠軍時，他透過其他人找上門，希望我們可以和他聊聊。

去到辦公室才知道，這幕後老闆是社會上的超級大哥，為人非常海

派。當我們一群不知輕重的大學生走進辦公室時，只見他的座位旁放了一件防彈衣，我心想該不會抽屜裡也有真實版本的CS武器吧！我們有些腳軟，但盡可能穩住呼吸，每開口說一句話，內心都帶著幾分畏懼。

會被騙嗎？會不會有什麼難以負擔的條件呢？在那短短的幾秒鐘，我腦內閃過無數對未知的恐懼，但摸摸口袋，心想反正我們只是幾個窮大學生，也無利可圖，不如把它當成一場冒險吧！我們回家討論過後，正式簽了經紀約，成為有企業贊助的電競選手。

老闆為人非常大方，有時候他會開著保時捷或新買的公司廂型車，親自載我們到賽場比賽，這種待遇讓我們下了車走進網咖的氣勢和別人硬是不同，而公司也讓我們自行挑選專業的電競耳機、電競滑鼠，甚至連滑鼠墊等大小設備全都幫我們埋單。雖然合約上寫明「每個月每人贊助兩千元」，的確不是什麼很高的數字，但對於當年糟糕的電競環境，以及一直以來都拿零用錢去網咖燒的窮大學生來說，這已是尊榮不凡的體驗。

被簽入電競公司後，最大的改變就是我們終於有訓練場所了，大哥在台北東區租了一間大辦公室，讓我們把自己的電腦帶來，就在辦公大廳裡練習，如果累了，還有地下室以及睡袋可以休息。雖然那些睡袋是幾十名選手共用，不過男生們哪管那麼多，累了就往睡袋鑽，躺在地板就可以過一夜。和現在的電競選手相比，早期的訓練環境仍十分克難，但至少不用花錢去網咖，而且有地方過夜，還可以討論戰術，我們都非常珍惜這段訓練的時光。

大哥常常分享一些真實故事，藉此告訴我們社會上的人性，讓當時是年輕小伙子的我們有了很多不同的觀點，他對CS很有興趣也很有見解，有時會加入討論，告訴我們他看到的細節。為了自主練習，我們曾有長達半年沒有任何周休假日，大家每周一到周五的白天在校園裡拚學業，晚上到凌晨進行線上練習，一到周末就得一起從各地前往電競公司集訓。我們總是自發性的一路從下午訓練到凌晨，再圍成圈看著錄影的遊戲畫面檢討戰術，十分嚴謹與認真自我約束，這過程對於一群正值愛玩年紀的年輕人來說，現在想想還是很不可思議。

當然，成為電競選手之後，我一開始多少有點不適應，因為本來純粹當作休閒娛樂的電玩，不再只是單純的「遊戲」，而是如同體育賽事般的「競賽」。有競賽自然會有輸贏，所以每個人都用盡全力研究戰略、訓練技巧，在娛樂之上的是壓力，面對勝負再也不能心存「好玩就好」的僥倖。

但我很幸運，隨著團隊成績越來越出色，電競環境也逐漸發展成有規模的產業，我們從區域賽、台灣總決賽一路闖盪到國際賽，每到一個新的領域，都覺得如同作夢般不可思議。

人的一生中，很少有一件事可以只透過認真付出，就能收穫不斷突破的好成果，大多還是需要資源或是運氣，總之那個時期的機運還是蠻不錯的，電競上的小有所成帶給我很大的成就感。二〇〇四年我跟隊友在電子競技世界盃（Electronic Sports World Cup，ESWC）打到台灣冠軍，人生第一次搭飛機就是代表台灣到法國比賽，這樣的際遇連我自己都無法想像。

窮小子要去法國比賽了！

ESWC電子競技世界盃當年是全球三大電競賽事之一，每年會在世界各地舉辦預賽，冠軍隊伍將代表台灣遠征法國，和來自全世界的冠軍隊伍一較高下。

有別於現在一場比一場聲勢浩大的電競賽事，早期即使是台灣大賽，場地有時候不過就是一處比較大型的網咖。我們這些參賽選手會帶著自己熟悉的滑鼠、滑鼠墊、鍵盤與耳機到場，確保即使用不同的電腦，操作手感也不會差異太大。

因為場地不大，所以除了在遊戲裡拚搏，比賽中我們也會互相叫囂、嗆聲，常會聽見比賽隊伍喊著：「剩他一個人了，別躲啦，出來啊！不然我們去抓你了！」大家卯起來用心理戰重挫對方氣勢。

記得在總決賽那天，早上報到後，我們一路過關斬將，而在賽程空檔，還沒輪到我們出賽時，眾人就窩在網咖的角落，以包包和店家雜物當靠墊，東倒西歪的睡成一團、蓄積體力。賽事進行得相當激烈，我們一路比到深夜，才進行到最後的冠軍戰。

當我們以後起新秀的姿態挑戰昔日冠軍隊伍，爭奪這一屆前往法國出賽的代表權時，我們五個生面孔引來其他落敗選手的注意。大家既是競爭對手也是資深玩家，都好奇我們有沒有辦法讓CS這款遊戲改朝換代，終結前冠軍隊伍連霸的美夢。

我們與前冠軍隊伍在遊戲中相互牽制，彼此不分高下，直到凌晨一點，比賽終於分出勝負。擊敗前冠軍隊伍的那刻，心情相當魔幻，這簡直是太不可思議了！我握緊拳頭走過去擁抱我的隊友，幾個大男孩抱在一起又叫又跳，我們可以代表台灣前往法國參賽了，那一刻的情緒激昂振奮，沒想到有機會打敗連霸多年的台灣王者，感受到那種美好的心情！

那晚我們騎著摩托車，我坐在後座，單手拿著足有半身高的巨大獎盃，一行人披星戴月的回家。在灑滿月色的街道中，我不斷舉手歡呼著：「要去法國了！」還夾雜著幾聲無意義的吶喊，那一刻覺得自己彷彿站在人生的頂點，因為我們這些大人眼中不務正業的電玩小子，竟然有件事情可以做到台灣第一！

回家後，我打開電腦，一字字在鍵盤敲下此刻的心情：「我一直到最後回家都還忘不掉那喜悅……不知道要怎麼形容我開心的程度……我就要前往法國了……人生第一次出國竟然是因為代表台灣出賽……太誇張了！」寫下這段文字時，天色漸漸亮了，我望向窗外，止不住笑的幻想著出國比賽的種種畫面，腦中擘畫無限美好的未來。

這一戰之後，我們漸漸成為了玩家心中的頂尖選手和學習對象。但一件事突然做到最好，心中會有很深的不確定感，因為我們過去被對手整整壓制了兩年多，每次都被電到沒有反擊能力，接下來幾個月，只要想起那次決戰，我總覺得那天的光環有可能是來自對手失常或我們運氣太好。

因為從沒想過自己會贏，我們沒有真正的教練，五個人擠在電競公司的地下室瞎子摸象，靠著國外CS高手的遊戲實況影片，逐一拆解戰術與技巧，我們一直追趕著前冠軍隊伍的背影，沒想到隨著時間積累，竟然默默迎頭趕上了。

不久後，我們以台灣總冠軍身分啟程前往法國，這是我第一次搭飛機，也是第一次出國，整路上興奮得要命，飛十幾個小時也不覺得累，我們幾個呆頭鵝宅男，出發前還特地相約逛街採買一些新衣物，心想著希望能夠帶著世界冠軍的榮耀回台！

ESWC電子競技世界盃最終共有來自幾十個地區的冠軍隊伍，不同膚色、不同體型、不同文化，相同的是個個都是第一名，簡直就是世界版的華山論劍，而且裡面很多明星選手正是我們之前看影片學習的對象，可以想見強度非常高。比賽正式開始，現實果然非常殘酷，之前我們還想著準備角逐世界冠軍的寶座，但那次比賽卻是連椅子都還沒坐熱就被淘汰了，我們的心情就像坐雲霄飛車，一下子從輕飄飄的雲端墜入地獄。

「這是我了解的那個遊戲嗎？」「我們難道不是這方面的專家嗎？」現實打擊得讓我們無力的自嘲自問，網路上也有人酸我們是去旅遊的，最後也只能承認人外有人、天外有天，一行人包袱收收黯然返台。

那次回台後，我們仍持續在電競公司的地下室為接下來的大小賽事備戰，一次挫折沒讓我們打退堂鼓，年輕失落的我暗暗在心中發誓，以後一定要重返世界盃，一定要打下世界冠軍，這次的失敗反而讓我更堅定的繼續提升，堅持下去。

但……現實就是如此無情，我們後來一直持續高強度的練習和比賽，又贏下了很多次冠軍，果然也數度拿到台灣的國際賽代表權，可是，由於當年電競產業大環境的資源和強度都不夠好，沒有好的對手、教練、薪資，我們始終與世界冠軍無緣，總是自認有所提升之後，又年年在國外慘遭滑鐵盧，徹底的被人生與挫敗上了好幾堂課。而我只能學著接受事實，雖然不甘心，但這確實是人一生中很重要的事，理想要與現實平衡，不是埋頭苦幹、拚命犧牲就什麼事情都能順利。

不吐惡言，默默支持的母親

那時候的社會風氣普遍認為在網咖流連的都是不良少年，玩電玩與「沒前途」畫上等號，如果要把電競當夢想工作，那一定無法得到支持。這是當時社會氛圍下的合理擔憂，不少當年的選手也因此早早轉行或是放棄了，這並沒有對錯，只是時代的現實，而且這一行本來就很「窄」，能夠當成長久職業的機率非常低。

但我真的很幸運，母親的個性相當明理開放，她對於自己不了解的事情，會先抱持開放的態度，而不是以既有的人生經驗或認為我年少無知就一味否定，她留了空間讓我自行嘗試。

在我剛成為電競選手的那段時光，母親也會和一般家長一樣，擔心我會不會被騙、被引入歧途，她也會憂心的打探我的生活，而有時候我也看得出媽媽欲言又止的樣子，真佩服她能夠忍得住、不吐惡言。隨著比賽成績有起色，開始出現一些榮耀的時刻，像是上報紙或為台灣爭光等等，直到這個時期，我開始試水溫，在與家人聊天時透露一些我在當電競選手參加比賽的事情，然後隨著媒體採訪、賽事表現一次又一次獲得佳績，家人的接受度比我想像得更順利。

後來媽媽看我持續幾年的努力，沒有因此走偏路，也知道我真的下定決心，她甚至會在我早期賺得少而周轉不過來時，及時贊助我的訓練之路，幫我補貼一點房租，也寫信鼓勵我。母親的支持對我而言十分重要，她給了我一處能分享心聲的港灣，讓我繼續在未知的領域拚搏，心無雜念的去嘗試，是我一路走來最關鍵的人物。

她看得很開、想得很遠，知道強硬又封閉的態度抓不住下一代的心，不如放手讓孩子去闖蕩，和孩子保持良好的互動，至少在冒險的過程中，孩子願意講真話。

那位老師竟說：你會找到你的路！

即使在大學時期，我已經在電競圈成為常勝軍，但到了學校，我卻是某些師長眼中那個成天缺課、課業成績不佳的叛逆學生。當年我在選擇科系時不夠了解自己，在聯考壓力下我只是選了一個相對高分的科系，後來上課時往往提不起興趣。說起來，我在校園裡的表現確實蠻糟糕，會被老師欣賞才奇怪，但在眾多放棄我的老師之中，我永遠記得一張慈藹寬容的面孔。

在就讀淡江大學期間，宋雪芳教授是一位同學們相當尊敬、有著嚴師形象的老師。有一次我本以為考試考得很爛要挨罵了，當她要我去辦公室找她，我正想著即將被大噴一頓時，沒料到老師竟然耐心的對我說：「你的未來不在這邊，你是一個聰明的孩子，你課外的那些發展老師覺得很不錯，只是還需要時間去累積，喜歡就堅持下去才是最重要的，畢業後要好好加油，老師相信你會找到你的路。」

雖然現在已然忘記當年聽到這段話的我有什麼反應，但老師的教誨在心中不斷發酵，在那段徬徨無助的歲月，能被老師鼓勵與理解，就像注入一股暖流，直到現在二十多年過去，當我回想起這段話，內心仍覺得感動不已。

直到後來我成為電競主播，闖出一番天地後，我曾重返校園，想當面跟老師訴說當年說不出口的感謝。我拿出轉播比賽的影片，告訴她，我真的堅持做喜歡的事，而我現在正在做的和未來想做的，就是帶給年輕人正面價值觀的事情。

她看了我的播報影片後非常驚訝，想不到電競竟然能走到如今的規模，也為我的堅持感到開心。她笑說，在我畢業後的幾年，她不斷拿我的例子激勵學生，她都驕傲的說：「你們有一位學長，打電動打到代表台灣出國比賽，所以行行出狀元，不要妄自菲薄！」

老師慈藹的笑容依舊，我聽了心境卻和當年大大不同，因為隨著時間與現實的重重阻礙，確實會消磨不少對電競的初衷與熱情，然而重要的是，生命中這些鼓勵我追尋自我的人，不但間接幫助我走上專屬於自己的路，而且也影響了我對別人的態度，現在的我，也回頭來幫助更多尚在摸索未來的年輕人。

感謝我生命中的貴人們，尤其是母親，認真對別人好的人，會令人感念一輩子，還會影響社會，讓更多人一起散播好事。

爸，你難道就沒有夢想嗎？

和媽媽的包容相比，父親的態度就不一樣了，他是個傳統的鐵漢老爸，一直是個不太容易接受改變的人，起初因為距離遠他不太管我，老覺得我對電競不過是三分鐘熱度，直到看我越來越投入，便開始站在對立面，不斷勸阻我回頭是岸，而且他的反對持續很多年。

從剛開始只是單純的選手，一直到我進入電競公司擔任幕後的賽事企劃人員，每當我帶著想念的心情回家看爸爸，他都只是反覆叨唸：「不要做那個什麼電動玩具了，那個是能做多久？」

爸爸的擔心與對前途的期待我全都看在眼裡，但也因此每一回要見他前，我的壓力會不自覺升起，剛開始我會好好解釋，「爸，我現在的工作不只是打電動，甚至我都沒怎麼玩遊戲了，我是負責規畫賽事、節目、直播……」我和爸爸分享我的工作內容，但他始終沒法接受，依然一提到就忍不住嘮叨我幾句，而且台詞總是一成不變。

我常想，父親不用網路，他不是習慣主動接收新知的人，自然不會理解如今電競產業的生態樣貌，和正在起步的電競產業相比，金融業、房地產等成熟的產業確實相對穩定許多，換位思考，就明白爸爸刀子口底下藏著豆腐心。

然而長久下來，我發現我的解釋，反而像是在逼迫傳統的爸爸接受新事物，於是我放棄為我的工作解釋。每回見面時，總要深呼吸告訴自己「忍一忍就算了」，反正在外打拚努力的是我，必須賺錢養活自己的也是我，連孔子都說孝順最難的就是和顏悅色嘛，至於爸爸的叨唸，是他表現關心的方式，我就聽一聽，讓他安心自在的過生活就好了。

結果，爸爸的「關心」就這樣一直持續到我三十多歲都沒改變，這時的我已經在電競圈努力十多年了。終於，在一次我大老遠的回老家看他，爸爸一開口又是叫我換一份工作，「別再做那個什麼電動玩具的工作」，我又怒又崩潰、壓抑不住多年的委屈，滿腔情緒瞬間爆發了……

「爸，我真的沒有辦法聽你的，這是我選的工作，我做了很多年，一直做得很好，而且很認真，我沒有浪費人生。」

「我沒有去偷、去搶、去騙、去混，我靠自己的專業在賺錢，以前我愛打遊戲，現在我回頭用經驗去幫那些跟我以前一樣的小孩。」

我一股腦把想說的話一次說盡，說得暢快淋漓，爸爸卻在旁看傻了眼，他可能從沒想過，唸了十多年，原來我心中有這麼多的委屈。

然後我在激動之下說出了超級像肥皂劇台詞的肉麻話：「爸，難道你沒有年輕過嗎？你年輕的時候就沒有夢想嗎？」

幾句話一出，氣氛超級尷尬，空氣完全降到冰點！要知道爸爸在我們家所有孩子的童年裡，是那種不怒而威，隨時暴走的大魔王，家中每個孩子的童年都挨過他的棍子和打罵。在那短短幾秒的空白，我感覺空氣彷彿凝結了，當下背脊襲來一陣涼意，我沉默著，只能等待結局。

爸爸也不作聲，他泡著壺裡的茶，看著水蒸氣裊裊上騰，在這尷尬的幾秒鐘，我的目光就直盯著那些飄渺的水氣，沉默半晌之後，他才嘆口氣，緩緩吐出：「好啦，隨便你啦，我才不管你。」

別怪我，因為太尷尬了，所以這場面是怎麼結束的我已經忘了，但那次之後，父親真的不再提起要我轉行的事情。其實我心裡明白，他已經盡最大的力量去接納去理解，他對我的選擇肯定還是充滿著不認同，但我別無他法，畢竟這是我的人生，而我無法為他人而活。

退役的戰神，成為打雜的「店小二」

到了二〇〇六年，我們已經多次蟬聯台灣冠軍，並代表台灣出賽，足跡遍及法國、香港、西安與新加坡。一次次的國際性比賽，讓我們漸漸感受到與國際隊伍的差距，但棘手的是，在台灣沒有對手，和海外選手連線練習，又因為網路延遲等因素，常常死得不明不白，只憑著幾個人在練習室裡埋頭鑽研，我們找不到精進的方法。

漸漸的，我感受到選手生涯畢竟有其瓶頸，若是整體電競環境短期內沒有繼續升級，我就算繼續在台灣拿冠軍，投入的歲月也追不上環境改善的速度，出去面對世界級的職業隊伍還是打輸的機率更高。不過在六年的選手生涯中，已大大拓展我的人脈，使我認識許多產業界人才，從他們身上，我觀察到許多機會，我開始思考，即使從選手身分退役，還是可以留在電競產業之中。

左思右想，我決定轉戰幕後，延續對電競的興趣與熱情。二〇〇九年，我在念研究所時期正式進入電競公司上班，老闆就是當初那位贊助我們的大哥，職位是公司的社群經理。雖然名片亮出來有「經理」兩個字，彷彿職稱顯赫，但當時的公司規模較小，說是社群經理，其實更像是打雜的店小二，我一人要當好幾個人用，包山包海的雜事全得一手包辦，一開始真的蠻混亂的。

我不懂企劃、不知道比賽要怎麼辦、要怎麼談場地、要怎麼佈置、報名該怎麼弄、規則要如何、合約要怎麼制定、怎麼宣傳賽事、電腦要怎麼設定、網路要怎麼確保安全……工作內容雖然偏初階但頗為繁雜，而因為我還一邊讀研究所，周一到周五間上班三天，周末則要加班辦比賽，薪資為八千多元。那段時間我對家人朋友總是避談薪資收入，因為實在難以解釋快三十歲的我，為何收入這麼少，說是為了學習有點矯情，其實不過就是看好未來的發展加上自己本來就喜歡。

回到職場，當時的我就是個菜鳥，我明白自己出社會的時間晚了，當了多年選手，在進公司前只擅長研究如何在遊戲中幹掉別人，但很顯然這個「技能」放到很多職位上是沒有用的，我知道我欠缺許多職場技能，而這家公司肯給我機會，讓我接觸感興趣的產業，於是當下的薪資報酬就沒有那麼重要了。

既然知道自己嫩，就只好努力變得熟練，這段變強的過程，就像過去幾年成為頂尖電競好手時所付出的代價，「累」肯定是必要之惡，想清楚這點，大部分的苦都變得可以接受。我常告訴自己，蹲低是為了跳更高，既然我選擇回到這個產業，就要抓緊機會，就算是打雜，也要把打雜的功夫練好！

身分位置的轉換，會使人變得更謙虛、更了解真實狀況，也才看得到一場比賽的背後，需要許多人全心付出，才能為選手建構出這個舞台。尤其以前是明星選手，人家看到我會說：「哇！是Vocal耶！」，然後投以尊敬的目光，可是成為幕後的執行者後，頓時少了光環，走在不同遊戲的比賽場內就像店小二一樣，選手一有什麼問題，就要馬上衝過去解決，甚至被新一代的年輕選手擺臉色、呼來喚去。

就這樣，我的電競生涯在接下來幾年，一路從選手、冠軍代表選手、跑網咖協辦比賽處理疑難雜症、論壇管理、新聞編輯採訪、賽事企劃、直播實況規畫、隊伍&玩家溝通窗口、聯賽網頁企畫、節目企劃、影片企劃、演講、主播（解說員）、主持人、直播實況主……樣樣都做過。

從競賽明星到工作人員，自然有需要調適的地方，說穿了其實沒辦法，我也只能接受、面對。我不斷告訴自己這是出社會的考驗，在工作中學會忍辱負重，雖然我在低谷，但當我積累好了，當機會來臨才能抓住。在好多個辦比賽幾乎沒睡、累到回家只能癱在床上的夜晚，我努力平衡一切，學習怎麼面對現實。

當時的我並不能知道電競產業在未來會如何發展，而自己的職涯又會變得如何，我只知道，電競這條路是我做起來最有優勢、也最有動力的工作，既然此刻的我沒本錢選擇一條當下讓自己輕鬆舒適的道路，不妨正面看待，好好充實，靜靜等候機會來臨的那天。

而沒想到，有一天運氣真的來了！歷練了幾年後，我累積了一些相關經驗，也因此當二〇一三年，有一家非常棒的遊戲公司找上我時，我才有能力把握住，直接進入當時堪稱年輕人最想進去的公司上班。

那個 offer 我等了三個月，我永遠記得收到錄取通知的那天，心跳變得好快，我竟然又美夢成真了一次！說白點，我曾經就只是「一個打電動的」，但我竟然靠著打電動進到遊戲產業，進入真正的、頂尖的遊戲公司，而且有機會透過這份工作，把我過往的所有經驗換成尊重，並幫助其他和我一樣喜歡打電動的少年走入正軌，這還不是人生之幸嗎？

內向的人，卻要說故事給千千萬萬人聽

人的潛力真的是太難預測了。幼時我一直是個不知該如何傳達內心想法的孩子，尤其不擅長以言語表達，總是一緊張就說不好，沒想到後來竟是靠著「說話給數以萬計的人聽」作為我的工作。

在新公司擔任賽事專員的那段期間，我在職場所需的各方面能力，都以飛快的速度成長，四年過去，我的職稱變了、薪水翻了兩倍，而我也從幕後再次走到幕前，這次我不當選手，我是電競主播（電競賽事的解說員）。

當時電競產業的發展尚很難預測，所以一路以來我也只能盡量充實相關的技能，從沒想過隨著網路與智慧型手機普及，遊戲直播、賽事轉播的熱潮陸續崛起，而我竟因緣際會踏上主播台，從電競選手搖身成為「電競說書人」。

入職大約兩年左右，公司代理一款新的射擊遊戲《AVA戰地之王》，聽到「射擊遊戲」四個字，我的主管與同事眼睛一亮，轉頭問我：「你不是這方面的專家嗎？要不要親自上去解說看看？」

其實我一直都不是一個很會說話的人，關於表達這件事，可說是一點信心都沒有。即使我對遊戲可能下過多年苦功，但是要隨著賽況即時的把它轉化為大眾能夠聽懂的文本，又是另一回事了。當下聽到主管的建議，我雖然有些害怕，不過，那一刻我覺得我不該總是自己嚇自己、劃地自限，也不該一再對弱點讓步了，這是人生再次突破自己的機會，我想為有可能的「改變」冒險看看，於是我簡直是鼓足畢生勇氣，半逞強的接下這份挑戰。

還記得初次上台那種緊張到整個人快要爆炸的心情，由於這種節目都是直播，無法像預錄節目可以重來，說錯了就是錯了，而且台上不會有劇本可以看，幾乎都要即興發揮，加上現場轉播偶爾會有技術問題，突發狀況更需要主播以強大的「閒聊」功力撐場面。

頭一年的主播台生涯，真的讓我大感挫折。我講話常常卡住，或是在搭檔說完話的這幾秒空檔間不知道該怎麼接話，因太過緊張，我總會一直亂加語助詞、贅詞，拖延幾秒時間好去思考，偶一為之還好，幾次下來就讓我的解說很拖沓、沒有重點，在這樣尷尬的氣氛中，更別提什麼詼諧幽默了，偶爾在情急之下，嘴巴甚至會自己吐出讓我想找洞鑽的奇怪詞語！

像是有一次比賽，戰況正激烈，有一名選手即將被敵人包夾消滅，所以我們的語速和情緒也要隨之高昂，才能如實演繹扣人心弦的氛圍。在這種狀況下，更考驗主播的穩定度，在轉播當下，我臨時想講「甕中捉鱉」一詞，話到嘴邊卻成了「甕中周杯」！

話說出口難以收回，這下慘了，一發現自己在數萬觀眾面前口誤，當下心跳狂跳、冷汗直流，想要快速修正，又再嘗試了一次，我的天，我竟然再度說成「甕中周杯」！這下連我的解說搭檔都忍不住笑場了，可想而知，觀眾自然也笑得肚子痛。後來這段出糗的播報畫面還被玩家剪成影片放上影音平台，那段時間他們都叫我「周杯主播」。這段糗事被記了好多年、直到現在，當時遊戲公司甚至還出了周杯主播的相關商品，可見那時候我有多尷尬！不過，妙的是，這件事情卻因此打破了我與玩家間的藩籬，自此之後他們跟我變得更親近，所以人生有時候有些事情真的無法預測。

在台上說話真是不容易，開口的每一個當下，要注意的事情非常非常多，要把對觀眾最重要的訊息，從眼花撩亂的要素中提煉出來，主播對遊戲的理解越多越好；要把錯綜複雜的戰術和情況，在一瞬間化為大眾玩家們聽得懂的重點，所以要練習精煉語言；更要配合比賽的節奏與氛圍，加入不同的情緒，時而平緩詼諧，時而理性分析，偶爾還要加快語速，以慷慨激昂的情緒將氣氛帶到最高點！

更重要的是，除了提升自己的內在涵養，還必須和搭檔良性互動，台上台下培養出好的默契，才不會在播報時相互搶話，才能截長補短、合作無間，當彼此的紅花與綠葉，也才能為一場電競賽事帶來最好的效果。

接下來數年的壓力和練習，讓我的播報經驗不知不覺上了軌道，在這條路上跑得更加平穩和成熟，漸漸的也有了自己的解說風格，表達事情再也不會像從前那般困擾。我實在是個幸運的人，工作表現受到重用，而薪資也到達小時候覺得「不敢想像能賺到那麼多錢」的數字，某種程度來說，我已經算是圓夢了，但……隨著日子開始穩定，平順且安逸，若有一次重開機的機會，你會如何選擇？

從沒有人認識你的地方，再一次冒險

二〇一七年，我做了一個重大的決定：前往上海工作。滿三十五歲那年，我正式脫離所有公司組織，成為專職的電競賽事主播，專心的做好播報賽況與主持的工作。

這次出發，意味著我必須放棄在台灣累積的人脈、親友、工作成就、優渥的薪水與知名度。一旦渡海，誰還知道你是「Vocal 老師」？誰還因為圈子裡的風評和過往表現敬你三分？

「那幹嘛去？」我身邊不只一人對我的選擇發出質疑，如果說不為賺錢，那也太自命清高了，但只是為了這個理由而去，也不符合真實情況。對我來說，在薪資之外，有一個比較關鍵的理由，那就是眼前大概只剩這個機會，可以讓我透過長期在當地生活，去感受不一樣的風景與人文，我想體驗不同於台灣的生活和文化、我想看很多小時候就好奇的地方、我想看看我的專業能不能在另外的地方也能帶來好的反應。

於是，我開始在上海工作，一到放假，我會盡量好好利用假期。大清早，我在地鐵上看上班族們通勤，下午我隨興漫步彎進各式各樣有趣的小巷子，晚上則前往從小慕名的「精武門」故事發源地；假日我去魯迅的舊居，轉個彎就是蔣家人住過的官邸，再往前走幾步就是張愛玲搬過家的公寓。

我住在有幾十年歷史的老社區，每天黃昏嗅著瀰漫於窄巷間的飯菜香，思念一海之隔的家人，我會與插隊又不講理的人直接吵架，但也會與溫暖有禮的鄰居互動，好的壞的煩的雜的，各種體驗組成新的生活，這一切也讓我再次感謝自己選擇電競，帶我看見更寬廣的世界。

轉眼又經過六年，電競產業隨著時代發展，有了風風火火的未來，我已養成自己的解說風格，有一群捨不得我離開的粉絲，也去到沒想過能到達的地方，這是我年少時夢想的延伸，我運氣很好的在電競產業活下來，還因此讓自己過著想過的生活。

但我必須說一句很老哏的話：那些蓄勢而來的機運，需要以長期積累的努力來耕耘。

後來很多年輕人問我如何延續夢想與熱情？我常想，「夢想」這詞太大又太沉重了，拿著、說著、壓著，就像是負重登山，難以踏出每一步；但「熱情」不同，熱情像是每一個公車站，小小的、近近的，一下子就能欣賞到自己的每個改變，久了，不知不覺就帶你到達遠方。

所以空有夢想不夠，善用熱情，然後接受犧牲和低潮，堅持充實自己，有機會贏來好運氣。而且在努力的背後，是家人的勇氣、智慧，陪著自己一站站往前，可以說正因為家人之間有愛，讓我即使多年在外也覺得心安，這些背後的默默支持都化為夢想的底蘊，也許有時候並不那麼明顯，但在我心裡，確實很珍貴又很關鍵。

當然，路走久了難免倦怠，但我明白，不管未來會怎麼樣，我依舊得在時代更迭中挑戰下去，而由於這是一條自己選擇的路，至少每一天的生活都還算得上充實且甘願。雖然也會疲憊、低潮、失望，也會遇到噁心又糟心的人事物，但不可否認，工作帶給我的樂趣、成就感與發展可能，是讓我始料未及的寬廣及深遠。

二十年過去了，我是電競說書人，骨子裡還是當年在CS遊戲中熱血奔馳的選手Vocal，每當聊起過往的種種，就會想起一路上每個難忘的瞬間，當下也許不見得聰明，有時甚至有點蠢，但當我們總是盡力突破自己弱點、嘗試內心所向，回首時就不會感到後悔遺憾，圓夢的道上當然偶有顛躓，我幸運的擁有家人的愛與支持，這讓我能更快的拍拍身上的塵土，無畏無懼的勇往直前。

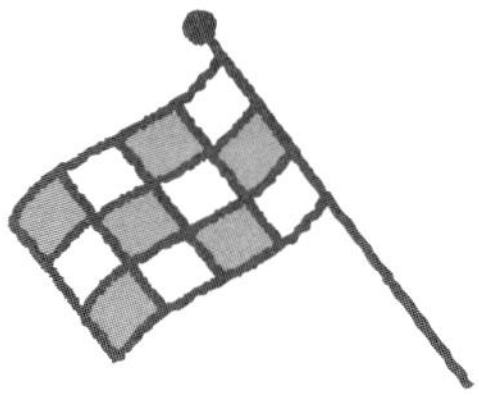

人生路上，檔檔精采

——小蘭（殺手蘭）

在弟弟出生以前，我足足過了六年的么女時光，不知道是不是因為這樣，爸媽和姊姊都比較「讓我」，我也肆無忌憚成為一個活潑又野蠻的人。求學階段，家裡只要接到老師的電話，都是稱讚姊姊成績很好、品學兼優，可是一提到我，老師就會像打開機關槍一樣，噠噠噠的說我最近又做了什麼「好事」。

天生反骨的女孩

因為調皮，我的成長路上老是惹出各種麻煩，就連媽媽要生弟弟、將要臨盆之時，都還讓她替我擔心。

記得事情發生在我六歲那年的四月，是一個暖陽高照的日子，二姊放學後和同學約好要去海邊撿貝殼，拗不過我的一哭二鬧，只好帶著年幼的我一起出遊。一路上二姊不斷叮嚀我只能在岸邊行動，萬萬不可靠近海域，但我宛如潑猴轉世，一看到大海，兩三下爬上布滿青苔的大石頭，還沒站起身，腳一滑立刻跌入海中，我個子小又不諳水性，落海的瞬間就被起起伏伏的浪淘吞噬。

當時才十歲的二姊簡直嚇傻了，回過神後連忙找人求救，恰好不遠處有一名釣客，聽見二姊的哭喊縱身躍入海中將我救起。當時媽媽已經懷胎九個月，一聽到我落海的消息，顧不得臨盆在即，連鞋子都來不及穿，邊哭邊衝向海邊。

聽其他人轉述才知道，我被撈起來的當下已經沒有呼吸心跳，上了救護車後，醫護人員不斷施行CPR，按壓的手從沒停過，才勉強從死神手中搶回一條命。但醫生評估，我長時間處於昏迷狀態，即便醒來，也可能留下腦傷……昏迷的那段時間，想必讓媽媽煎熬又焦慮，她怕我醒不來，又怕我醒來後，再也無法回到從前那副皮模樣。

足足昏迷了一天一夜後，我才突然睜開眼睛，守在病床邊的媽媽語氣顫抖的叫我名字，想看我的反應正不正常。而我兩眼睜得大大的，看著媽媽一會兒，開口說的第一句話竟然是：「媽媽，海底的魚足媠足媠（好美好美的台語）欸！」

媽媽愣住了，下一秒緊緊抱住我，她又哭又笑，也或許是終於放下心中的大石頭，就在隔天，弟弟就出生了。

人生走過一劫，我非但沒有變乖巧，反而迎來更叛逆不羈的青春歲月，媽媽總是默默守護著我，像是風箏那條長長的線，也像是垂入深海的錨，讓我恣意闖蕩，卻又不至於迷航。

我想是因為有這樣的媽媽，才讓我放膽逐夢，出社會後甚至願意放棄正式教職，從陽光下的老師，成為月光裡的「殺手」。

陽光下的老師，月光裡的殺手

很多人以為我這麼喜歡開車，家裡又是從事與運輸有關的工作，想必從很久很久以前，賽車的興趣就在心中萌芽了，事實上，我到大學畢業前都沒開過車，直到出社會才為了通勤買車代步，而我的第一份正式工作，是與現在形象天差地別的國小老師。

大學剛畢業時，在媽媽的建議下，跟四姊神老師一起去考代理教師，媽媽希望我們有穩定的工作，四姊渴望實現滿腔的教學理想，而我瞄準的則是一個月三萬四千元的起薪。

當時的我胸無大志，超過三萬的薪資對那個年代的社會新鮮人來說，是還不錯的數字，考試運極佳的我順利考上代理教師的資格，成為國小老師。

當時我的交友圈都在台北，為了方便和朋友聯絡，我去駕訓班學開車，為了省錢刻意報名手排車課程，但我的工作忙碌，根本沒太多時間去練車，只摸了三次方向盤就去考駕照。不知道是天生會開車還是考運絕佳，我輕鬆獲得駕照，並買了一台中古車。不過對當時的我而言，汽車只是交通工具，還沒有體會手排車有特別吸引人的地方。

在一次朋友聚會中，有人開了一輛改裝過的「硬皮鯊」（Subaru Impreza GC8），轟隆轟隆的到了現場，那是一台渦輪增壓車，氣勢磅礴的模樣，看得我目不轉睛，口水簡直都快流下來了，朋友知道我拿手排車駕照，他大方的問我要不要開開看？

我一坐上去，離合器一踩、進檔以後再踩下油門，哇！真的不誇張，整台車直接彈射出去，我這才發現原來手排車的動力非常直接、有力！

「天啊！這是什麼！」握著方向盤，我內心感到超衝擊，突然覺得來到另外一個世界，當下馬上就懂，為什麼這麼多人第一次開改裝車就為此深深著迷了！

那次聚會的目的根本不重要了，我整晚拉著那位朋友，問他這台車買多少錢？改了哪裡？到哪改車？從那天起，內心深處的競速魂徹底被點燃，我賣掉中古車，換了一台在車界有「山道小霸王」之稱的手排法系雪鐵龍 SAXO VTS，並陸續進行一些改裝，甚至把全車烤成亮眼的桃紅色。就是在那段時間，我完全沉浸在駕馭改裝車的快感裡，讓我的駕駛技術、我的愛車，都長出自己的風格與生命力！

SAXO 在台灣是很冷門的車，女駕駛尤其稀少，我估計當時全台灣大概不會超過三個女性車主吧！每當我開著「小桃紅」上路，很容易被關注，常有車友湊過來聊天，不久後我便加入車隊，每到周末晚上一起參加車友們舉辦的「SAXO NIGHT」，跟著車友一台接一台在深山競速。

為了不讓人看扁，才剛開始跑山的我，硬著頭皮踩油門狂追，無論是起伏的路段或是連續彎道，每一秒都讓人全身沸騰，我這才發現跑山路原來這麼有趣！

就這樣，白天我是老師，但到了夜晚，就成為車友口中的「殺手蘭」。

我的奢侈品，就是改裝車

漸漸的我不再買奢侈品，也不花錢娛樂，我瘋狂想了解關於汽車的一切，也把所有薪水都砸在改車上面，將「小桃紅」改造成心目中最喜歡的狀態。後來因為排氣管的聲音太大，開車到學校總是轟隆隆引起騷動，每次我停進停車場，大概全校有一大半人知道「沈慧蘭老師來了」。哎呀，實在太引人側目了！後來我只好把車子停在山腳，再走路進學校。

我慢慢發現，無論是生活或話題，我都與車子密不可分了，而那年正好是我擔任代理教師的第四年。

那個年代的正式教師缺額多，代理教師補修教育學分，就有機會轉為正式教師，例如我的四姊神老師，就很高興的轉為正職；但面對即將到手的鐵飯碗，我卻突然猶豫了，因為我發現比起待在教室，自己更喜歡待在車子裡。

不當老師，我還可以做什麼呢？那段時期實在太喜歡車了，我甚至一度考慮當「黑手」呢！在人生搖擺不定的時候，剛好認識一位汽車雜誌社的主管，得知對方手上有個職缺，當下毫不猶豫來個「髮夾彎」，我決定從國小老師轉戰汽車雜誌，成為一名必須跑遍全台的採訪編輯。

汽車雜誌編輯的工作，帶我一步步深入車子的世界。剛開始我什麼都不懂，透過一次又一次的採訪去了解車型、機械常識，接著跑遍全台各地的改裝車廠、參加新車發表會，甚至有不少機會親自試車。在汽車雜誌工作六七年下來，不僅滿足我對車子的熱情，更讓我累積專業知識，並建立起自己的人脈。

開車對我而言是有趣的事，我喜歡感受手排車進退檔的感覺，過彎時總是會不斷嘗試如何過得更順、更快。這樣單純出於興趣的開車，維持好長一段時間，但此時即使我的技術越來越好，卻從來沒打算要參加比賽。

替補選手奪冠軍，一跑成名

二〇〇九年，是我人生路上另一處重要彎道，也是賽車生涯的起點。當時我負責企劃一場全台知名女性改裝車主的競速活動，但到了比賽當天，突然有幾位選手缺席，為了維持出賽人數，幾位同事鼓勵我乾脆自己下場比賽，沒想到，我這臨時上陣的「替補選手」，竟然誤打誤撞的在人生第一場賽事就拿下冠軍！

那是和跑山完全不一樣的感覺，我充分感受到在安全環境下競速的樂趣，於是接下來開始參加一些玩票性質的賽事，在一些競賽場合，常會看見我的臉孔。

賽車界是以男性為主的世界，身為少數的女性面孔，加上跑出成績，漸漸的我在圈內擁有知名度。二〇一一年屏東大鵬灣國際賽車場啟用後，固定賽事增加，開始有廠商贊助我的出賽費用與比賽用車，直到這一刻，我才正式由「愛車人士」進階為「賽車選手」。

面對身分的轉換心情固然雀躍，但嚴格來說，我只是愛開車，不是愛「輸贏」。有些人的性格不服輸、喜歡超越別人，但比起奪牌，我更著迷於超越自己的快感，握著方向盤時，我享受的是當下的氛圍與內心的成就感。

我雖然從小叛逆，但不好鬥，在群體中從來沒特別想要出風頭當第一，所以對我而言，參加比賽也不是非要奪冠不可。回望初衷，我只是喜歡開車，而剛好「開車的競賽」，就是賽車。

因為太喜歡開車，想把這個興趣做到最好、做到旁人無話可說，當我跑出好成績時會很有成就感，但這股情緒不代表我「絕對不能輸」。或許大家難以相信，但事實上，我沒有非贏不可的氣魄，有時候甚至會覺得是不是自己的好勝心不夠強呢！

身為賽道上少見的女性，加上我的綽號又叫「殺手蘭」，人人都覺得我應該要很殺很厲害，可是我很清楚，即使在女性車手的領域中我的表現已然不俗，但和老練的男性車手相比，成績與實力仍有一段差距。隨著眾人的關注漸漸增加，開始有些不友善的耳語出現，例如：「這女生是花瓶吧！」或是「來比賽還是來做秀？成績好像不怎麼樣嘛！」

隨著越來越多人注意到我，讓我累積龐大的心理壓力，畢竟我賽車的目的，從來不是為了把誰ＰＫ掉，但當表現不好的時候，我也會一直問自己：「妳這麼喜歡這項運動，為什麼沒有辦法把它做到最好？」

有一次賽後我躲到廁所哭，覺得好丟臉，內心有道聲音一直勸我：「這種成績不如不要比算了！」深陷看不見進步的情緒與壓力真的很痛苦，後來就算跑了女子組第一名也開心不起來，因為我知道開類似車款的男生，都有更炫更厲害樣的成績。

直到有一回，朋友看著我說：「妳憑什麼能進步？」他說，那些車隊的車友花多少錢、燒了多少組輪胎，至少練了一千圈才有現在的成績，妳沒有付出那些投資、那些努力，又怎麼期待自己進步？

一席話點醒了我，想要成績進步的唯一方式就是「苦練」，但賽車運動本身非常燒錢，無論是比賽或練習，每一筆開銷對出身平凡的我都是沉重的負擔。面對資源與年齡的劣勢，我怎能奢求自己達到他們的成績？如果為了比賽，燒錢燒到讓三餐都無以為繼，這難道是我想要的未來嗎？

站在放棄與堅持的路口，我有時會想起早年接受媒體訪問的題目：

「希望成為什麼樣的人？」當時的我剛投入賽車界，對未來充滿希望，我意氣風發的回答：「希望成為真正讓人尊敬的女賽車手，成為女生的驕傲！」但當我面對現實，只能調適心情，畢竟在我有了自己的小家庭後，我無法義無反顧的將全部身家都投入練車。

拉力賽界的神鵰俠侶，一點都不浪漫啊！

也因為賽車，我遇見最好的朋友，也是最信賴的人生伴侶——冠軍車手林沅澔。在賽車領域裡，他是房車賽和拉力賽事中響叮噹的人物，也是知名的賽車教練。

但我常笑說，剛認識沅仔的時候，我只有一台老 Saxo，他只有一台破喜美。我們雖然屢次在賽道上挑戰極限，但離開賽車場，只是開著殘值只剩幾萬元的車，然後單純沉浸在開車樂趣之中的平凡夫妻。

在外界眼裡，我們被戲稱是拉力賽界的神鵰俠侶，但兩個愛開車的人遇上彼此，讓約會這件事變得一點都不浪漫。一般情侶約會不外乎上餐廳吃飯、看電影，但沅仔第一次來開車到我家，準備載我出門約會時，我卻叫他把車停好，然後由我開我的 Saxo 載他去跑陽金公路。我還記得，即使他是個經驗老到的賽車手，也被我在霧中亂闖的傻勁，全程嚇得說不出話！

我們都愛開車，導致交往後的每次約會幾乎都是「賽車場見」。私底下的沅仔無論說話或吃飯，舉手投足總是慢條斯理，看上去就有如以慢動作播放的畫面，但只要握到方向盤，哇！他彷彿抽換靈魂，是一種眨眼之間快到離奇的境界！

我為這樣的反差深深著迷，他在生活中的老實與溫和，給我十足的安全感；而他在賽場上的自信與能力，是我憧憬的目標。我們決定共組家庭，隨著孩子出生，開始省吃儉用，希望無論是經濟或環境，盡可能為孩子打造一個舒適而溫暖的家。

於是我的人生，有一半是兩個孩子的媽媽，另一半是業餘賽車手，我們在家庭與興趣之間，不斷努力找到平衡點。

沅仔是我最棒的貼身教練，賽車手若想變快、變強，最直接的方式就是苦練。但我們兩人都是來自平凡的家庭，面對擋在前方的經濟高牆，我們有共識，不是犧牲一切狂踩油門衝撞，也不煞車倒退、放棄夢想，而是轉個彎，尋找另一種可能。

左思右想，「拉力賽」是最好的選擇，這種接近越野賽的比賽模式，可以省下每天上萬元的場地租金，是相對不太燒錢又能兼顧開車樂趣的答案。特別在二〇一二年，我們首度到保加利亞參加拉力賽並奪回亞軍，讓我們更堅信「拉力賽」將是我倆賽車夢想的出口。

此後，我們將生活費用扣除房租、孩子的開銷，幾乎沒有任何娛樂，兩人有共識將僅有的錢與時間，都放在拉力賽的練習。

有一次，沅仔聽說台東的荒山深處有一段長達十四公里的砂石道路，非常適合練習過彎、急煞等技術。於是我們買了拉力車寄放在高雄，只要一有時間，就暫時把孩子託付家人照顧，然後一人開比賽車、一人開維修工具車，沿著南迴公路抵達台東。

然而，不用花錢的練習場地，是連手機訊號都極其微弱的深山，我還記得那條產業道路人煙罕至，一整天經過的車甚至不超過十輛。我們總是挑選三到五公里的路段，一人在山腳把風，另一人模擬比賽情境，從山頂出發用最快的速度開車下山。

我們會在一大早提著兩桶汽油，再到超商買幾顆麵包、幾瓶水，就上山不斷練習，一連好幾天反覆做著這件事，沅仔練完換我練，練到全身上下包含鼻孔、睫毛，無一處不被沙塵覆蓋。訓練過程中偶爾會發生撞樹或翻覆等意外，往往直到汽油耗盡，我們才精疲力竭的循原路回家。

苦練的車手會被老天爺看見，二〇一四年的「貴州短道拉力賽」平壩站，沅仔和我分別拿下B組與巾幗盃冠軍；在二〇一八年捷克「歐洲拉力錦標賽」再拿下亞軍。我們成為拉力賽的最佳拍檔，直到現在仍會不定期參加比賽，享受在各種地形開車的樂趣。

在台東深山訓練的日子，有時碰到炎熱酷暑，有時是濕冷的冬天，一般人可能會覺得很髒、很累，但如今回想起來，卻是一段最讓我回味再三的時光，畢竟人生又有幾次機會，可以無後顧之憂、將自己全心投入一件事情呢？

一直到現在，我只要經過台東，或想到那座山，心裡都很感謝，謝謝它讓我們成長。

生命的考驗，和癌細胞拚輸贏

那幾年一切看似非常順利，而在多年努力之下，漸漸的我們無須為經濟擔憂，苦練看見成果，生活有些餘裕，工作也有些成果累積，還有愛我的另一半和一對乖巧懂事的兒女。基本上，我覺得人生大致上再無所求，也許那一刻就是生活最美好的樣貌了。

但有時生命會出幾道難題，打破平靜的生活，甚至逼得你不得不做出一些改變。

二〇一八年十月，原本只是想諮詢胸口纖維囊腫的切除手術，看了報告後，醫生眉頭微皺，謹慎的要我做切片檢查，我還在心裡嘀咕著大驚小怪、好麻煩，不料再見面時，醫生冷靜的告知：「妳得了乳癌。」

突如其來的噩耗，讓我一陣錯愕，下意識摸了胸前那顆伴我多年的腫塊，醫生告訴我，這是不好的東西，要盡快動手術切掉，並安排後續治療。

我和先生雙方都沒有家族病史，而且即使我的飲食習慣百無禁忌，但一直以來也算是健康寶寶，不僅體態標準，每天還活蹦亂跳，到底哪裡像個癌症病人？

看著報告上的陰影，那天晚上我和沅仔抱在一起哭了好久好久，我們的孩子才十歲和八歲，如果媽媽就這樣離開了，他們怎麼辦？我好怕沒機會看著兩個孩子長大，也怕這個噩耗會令家人擔憂、毀了媽媽原本該快樂無憂的退休生活。

「會不會是誤判呢？」即使白紙黑字寫得分明，我還是不願相信事實。隔了幾天，抱著一絲期待再去另一家醫院檢查，再度過幾天的煎熬後，醫生帶來的同樣是壞消息，他說，已經是乳癌三期了。

經過否定、憤怒、悲傷、逃避等好多情緒，我才勇敢接受生命中的難題。查資料後才知道，乳癌還有分成各種類型，而我罹患的類型，在標靶藥物出現之前，存活率相當低。醫生建議我先做化療，看藥物反應能否縮小腫瘤，接著再切除癌組織。

接受化療的過程真的很不舒服，吃不下也睡不好，噁心嘔吐更是家常便飯，向來樂觀無比的我，看著鏡子中的自己面容憔悴得猶如他人，心中被絕望、沮喪的情緒填滿。

那段時間我常有厭世的心情，後來看新聞時，看到台鐵普悠瑪號脫軌的事故，那瞬間我對生死突然有很超脫的想法，連搭火車這麼安全的事情都有不測，那我得到癌症又有什麼好意外的呢？至少我此刻還活著、還在呼吸，還有和癌細胞一拚高下的機會！

短短幾天從沮喪到放下，從放下到無所畏懼，我決定積極面對這個人生考驗。

也許是不想面對外界的同情，或不想給朋友造成情緒的負擔，當時我很少讓人知道自己罹癌的消息，甚至在不影響治療的情況下，我量力而為的維持工作，一樣試車、接活動、去大鵬灣當教練、拍影片、上通告……抗癌時的我，盡力做到就像平常的我一樣。

當身體狀況太糟糕時，我會躲在家裡。那段時間我曾因化療的副作用，全身虛弱到無法踏出家門；也曾因記憶力衰退，影響工作表現而感到懊惱沮喪；更曾在主持活動的前一天因服用藥物水腫，一夕暴增七公斤而無助哭泣。

比起身體的不適，更需要克服的是外在改變，特別是開始接受化療後，頭髮大把大把的掉，我把長髮剪成短髮，後來再把短髮理成光頭，那段時期戴著假髮的工作畫面在網路上流傳後，常有網友無情訕笑，躲在螢幕後方攻擊我的髮型和容貌。

媽媽好像一顆丸子喔！

還記得第一次理光頭前，我先挑了一頂假髮，因為怕突然頂著光頭出現，會嚇到當時才八歲的女兒。回家後，我先把兒子拉到一旁，深深吸了一口氣後拿下假髮，緊張的問他：「媽媽會不會變得很可怕？」

才十歲的兒子真是個大暖男，他摸摸我光滑的頭皮，笑說：「媽媽好像一顆丸子喔！」

孩子的童言童語把我逗得又哭又笑，從小小手心傳過來的掌溫，好像拂去籠罩已久的低氣壓。我又問他：「我可不可以在家裡保持光頭呀？」眼前的小男孩彷彿一夕長大，他想了想，要我先別「現出原形」，他怕妹妹還小，還不能理解媽媽的苦衷與變化。

偶爾情緒走到低潮時，看著鏡子裡憔悴無神的模樣，我覺得自己像是枯萎的花，不知道會不會有再次綻放的一天？

在最絕望的時候，我會逼自己出門，盡可能在陽光下邁開步伐。好幾次，走著走著就會回到卡丁車賽場上，去摸摸我最愛的卡丁，像是提醒自己，還有個老友在賽場等我回歸。

那段期間，在旁人眼中我只能龜速繞場，像是跑出一圈又一圈的笑話成績，但唯有握著方向盤，可以讓我撐過最絕望的時刻。對我來說，轟隆隆的引擎聲就是打氣聲，猶如鼓勵自己保持希望，我乘著風前進，感受貼地飛行的速度感，告訴自己才剛組好的六速卡丁在等著我，等我健健康康的回來！

罹癌對我造成的最大改變，就是令我更深信每件事都要把握當下。當時的我，其實虛弱到甚至沒把握能撐過初期化療，有時會悲觀的認為自己再也沒有明天。我在最難過時會拿起紙筆，寫下生命盡頭前的圓夢清單，而第一條，就是想讓孩子坐好一點的車。

我拿出平時捨不得花用的積蓄幫家裡換車，在我能力所及的範圍內，為孩子準備最安全的車子，無論名貴與否，都藏著我對孩子最深最深的愛。有時全家人一起坐著新車出遊，心裡會有一種滿足感，我覺得終於有能力給家人更安全的保護，我想這是愛車人的浪漫，也是天下父母心。

抗癌的日子，總覺得自己的時間過得比別人快，於是短短幾個月內，我又換了一台更安全的車、和孩子一起收養幾隻貓咪，在工作之餘，我把很多、很多時間拿來陪伴家人。

治療期間每三個月必須回診，每一次都像是等待命運的宣判，在這艱難的時刻，大姊和媽媽陪著我去檢查、治療，我常覺得自己好幸運，還有愛我的人可以依靠。

每次回診結束，我常看著大姊離去的背影落淚，想起姊妹這麼多年，我們都為各自的家庭忙碌，原本一年到頭總難碰上幾次面，如今竟然是一場癌症，才讓我們有更多獨處談心的機會。

雖然人家總說，抗癌是條孤獨的路，我卻意外發現，被家人的愛包圍著，很少覺得孤單。家人的愛讓我相信，未來的日子會持續往好的方向前進，親人總是給我無盡的力量；幾位知情的摯友，默默給我幫助與關懷；還有沅仔，我曾以為結婚久了，兩人的感情趨於平淡，但也是因為生病，讓我再次感受到另一半的在乎與愛。

如果沒有生病，哪有機會知道，原來被愛是這樣的感覺呢？

一年後，醫生宣布我抗癌成功，歷經八次化療、一次手術、二十八次放射線治療和十二次標靶，我終於挺過癌症，迎接重生的自己。

再次回顧這段往事，會發現癌症的到來，彷彿是為了告訴我：「前面的路不能走了。」生病給生命一個轉彎的機會，讓我看見愛也學習愛，粉碎內心的高牆，讓心變得更柔軟。

歷經罹癌、治療與休養，我變得更勇敢，也更懂得放下與感恩，我想這是病魔帶給自己的人生禮物。

賽車如人生，分秒風景不同

這些年漸漸將賽事重心移往拉力賽後，我越來越覺得比起競速賽事，投入拉力賽更快樂。面對不同地形天候所帶來的意外與驚喜，就像起起伏伏的人生，有著難測的未來，衝到終點線後，再回想起一路所見的風景，會發現分分秒秒都很精采。

賽車如此，生活不也是如此？在賽道上奔馳，該進入下一個階段，就不要躊躇猶豫，就像開車時，引擎的轉速、離合器、換檔與油門，都有完美配合的時機點，一旦錯過了，即使車子擁有再好的性能，也無法將表現發揮到極致。

歷經人生多次轉折，如今我更懂得珍惜每一天、每個當下，比起一檔破百，我更著迷於每個檔次完美轉換所獲得的滿足感。就像現在，陪伴孩子成長，已經是我人生中無可取代的成就。這幾年，又漸漸將重心轉移到卡丁車，也帶著孩子一起練習，剛開始只是讓他們玩玩，沒想到他們都練出興趣，也找到成就感。

每當看見他們小小的身軀穿上我昔日的賽車服，聽他們認真的跟我討論路線和開法，常常有那麼一瞬間覺得好笑又感動，以前在家只能跟他們爸爸共有的話題，現在竟然跟小鬼頭們也能聊起來了！

因為全家人都喜歡開車，我們訂了親子日，每到周末會一起去練車。記得有一次和兒子下場跑卡丁車的時候，向來把他甩在後頭的我，不知不覺間竟然被迎頭趕上，賽後我開玩笑跟他說：「以後要請你教我開車了！」

沒說出口的是，當他追上我的那瞬間，我突然有種感動，覺得孩子真的長大了。那是一種填滿內心的幸福感，是無論多少國際賽事的桂冠加冕，都無法取代的感動。

透過一次次替孩子們調整車輛座椅等設定，總會發現他們又長高了一些；看見一圈圈刷新的賽道紀錄，我可以感受到他們突破自我的喜悅。因為卡丁車，讓全家人有了共同興趣，這是最簡單的幸福，也是最大的快樂。

我常想，終有一天他們不再跟在爸媽屁股後面，但我多麼希望，當他們長大後，媽媽開卡丁車的身影、和媽媽一起練車的時光，都會一直一直留在他們心底，成為心中最親密的回憶。

其實我接觸賽車的年紀，早就錯過賽車手最精華的時期，可是我實在太喜歡開車了，所以即便我知道自己的年齡是最大的劣勢，還是投入很多時間，努力堅持下去。這幾年參加比賽，我去過很多地方，像是貴州、北京，羅馬尼亞和保加利亞，每次去到當地比賽，我常想，如果不是因為比賽，我怎麼可能來到這裡？

賽車是我人生的夢想，但能夠讓我一直堅持下去的，就是愛開車的初衷，無論我的身份是老師還是媽媽，因為愛開車，才讓我有勇氣不斷轉變。

近幾年我漸漸離開賽場，但得到教練、試車、主持與上通告等各種工作機會，甚至開了 YouTube 頻道《姐姐愛開車》，和喜歡車的朋友們分享各式各樣與車有關的最新消息。

其實，連我自己都沒想過，因為愛開車，讓我的人生如今條條都有路，且條條都精采。如今再回想自己人生路上的每個換檔、轉彎，我覺得只要努力把喜歡的事情做好、不後悔每個選擇，當機會來的時候好好把握，這樣的人生走一遭就值得了！

堅守教室，創造我的善循環

——神老師

十多年前，當我還不是大家口中的「神老師」時，已經開始在臉書用個人帳號分享日常生活的大小故事。我用自己的帳號寫日記、和網友們留言互動，在社群網路上有了小小的知名度，每一篇發文的按讚數動輒破百破千，而我也樂在其中。

直到二〇一五年九月，妹妹小蘭突然跟我說：「妳幹嘛不弄個粉絲頁？」小蘭是賽車手，以「殺手蘭」的名號闖蕩江湖，她早已開粉絲頁，而且經營得不錯。我愣了一下，回她：「我又不是公眾人物，這樣發文就好，幹嘛弄什麼粉絲頁？」

小蘭不放棄，那天下午，她就像打開機關槍一樣，噠噠噠的不斷遊說我，看我意興闌珊，甚至乾脆開了電腦，自己跳下來幫我設定。

「妳的粉絲頁要叫什麼名字？」她轉頭問我。

我歪頭想了一下，想起幾年前的一個學生，在作業本的封面，把「沈老師」寫成了「神老師」（哈！）。

於是在這年的九月二十六日，「神老師&神媽咪」誕生了，成為廣大社群媒體中一個小小的粉絲頁，沒料到，這也是我人生的轉捩點。回想這七八年來，我並沒有刻意成為什麼樣的網紅老師，初始只是單純把臉書當成分享的天地，寫下身為第一線教師、特殊兒媽媽、人妻與烘焙愛好者的生活感悟，再到後來又連帶記錄與青春期兒子鬥智的過程、重機騎士的出遊點滴……四十歲的我從零開始，一天一篇文章，從一開始打字老半天寫不出半篇，打磨到後來越寫越流暢，唯有堅持二字而已。

就這樣，原本只是單純記錄帶妹妹早療的心路歷程，卻意外發現很多人跟我有一樣的心境，我的坦白和挫折，讓許多父母感同身受，也給無助的家長帶來方法和經驗。

從設立臉書粉絲團以來，到出版這本書的今日，我累積了超過三十二萬的粉絲，一共出版了六本書。為了推廣特殊生的融合教育理念，小時候曾經是兄弟姊妹裡最內向、向來不喜歡在眾人前講話的我，竟然也跑遍全台，一場又一場站在各學校的講台上，累積了超過五百場的演講。

在妹妹十四歲生日時，我寫了下面這段話，期待自己貼出來的每一篇篇文章，能幫助到更多孩子，也提醒更多老師，以「善」的視角看待身邊的特殊學生。

「如果我的人生到現在有一點點的成就，應該就是這個孩子。

二歲被醫生判定終身學習遲緩，領了五張身心障礙手冊，早療六年、語言治療四年、體操八年……

領了中度語言障礙，她現在溝通無礙、對答如流；

領了中度肢體障礙，她卻能去參加體操比賽、大隊接力、行動自如；

醫生認證終身學習障礙、讀寫障礙，她卻能看懂所有羽球選手的名字，能寫下戴資穎三個字。

她不是奇蹟，是我們努力這麼多年的成果。

她教我欣賞她從零開始慢慢學會的每個能力，而不是沉溺在她天生的困難之中。

她帶我看盡人情冷暖，放棄規畫好的人生，用不同的角度看到更重要的責任。

她讓我做了很多困難的取捨，篩選重組生命中重要的人事物。

她讓我體會自己戰鬥力的強大，原來我能這麼勇敢。」

在同一間教室，堅持二十幾年

這些年來，許多主任或組長來信邀約時，會請我提供簡歷，我總是簡短的寫著：「花蓮師範學院幼兒教育學系、經國學院健康產業管理研究所碩士、基隆市長樂國小教師逾二十年，育有三子。」

偶爾會在簡歷加入幾本我曾出版的書籍，除此之外，沒有任何頭銜，短得不可思議。

每到一所新學校時，常有機會與校長簡單聊聊，除了大致掌握我的背景，也好在演講前為我開場。記得曾有位校長苦惱的說，他不知道該如何介紹我，因為攤開我的經歷，只知道我是一位國小老師，且在同一所學校教了超過二十年。

「是呀！」我笑笑的，沒多做回應，也不知道該如何回應。

我猜想校長沒問出口的，應該是我還有沒有其他頭銜？有沒有得過獎？有沒有借調教育局，或至少當個主任？為特殊教育跑遍全台演講的我，只是一個名不見經傳的導師？

演講開始，校長以有限的資訊來介紹我，說他很佩服，因為我的孩子是特殊生，所以努力進修成為特教老師……

這話其實只對了一半，但我不在意自己是怎麼被介紹的，因為說穿了，我的確就是在同一所學校、同一間教室堅持二十多年的老師。

在我的著作、臉書或演講中都曾提過，人生中最痛苦的一年，也是我為特教生奔走的起點，我希望更多教育現場的老師能同理特殊兒的辛苦和努力，如果每個人釋出一點善意拉特殊生一把，就能改變孩子當下的困境。但也許很多讀者並不清楚，在致力於推廣特殊教育理念之前，我剛出社會時對職涯的規畫，是走一條傳統的教育行政路線，甚至於我曾一度嚮往未來可以當到校長。

回到年輕時夢想的原點，從我下定決心成為國小老師的那天，我有過關於升遷的想望，對於教職之路甚至有過遠大的抱負——有想要爭取的榮譽、想達到的位置。我在心裡擘畫一條從組長、主任再到校長，按部就班往上走的仕途，因為擔任行政職，也許可以實踐更多我對於教育的想像或理念。

於是，長達十年時間，我努力照著腦中編織的人生藍圖去走，在忙碌的導師工作之餘，我兼任過生教組長、體育組長、事務組長與衛生組長。只要有機會，我當仁不讓挑起工作，凡事力求表現、配合要求，我曾經很自豪自己經手的每一項評鑑都是特優，可惜，或許就是缺了那麼點上司緣吧，往往升遷的名單總不是我。在當時，我常在拚命努力過後，沮喪難過的自問：「為什麼盡了全力，卻沒有用？」

然而，不管再累，無論那十年內遭受過多少挫折，都沒有令我放棄走行政之路的目標，直到二〇〇九年，我生下小女兒，身上又多了一張「特殊兒媽媽」的標籤，那才徹底顛覆我的世界。

再去考個研究所吧！當回「沈雅琪」

我的個子從小就比同年齡孩子來得高大，國小四年級時正巧校內要組桌球隊，我很自然就被老師推薦加入了。說真的，我沒有什麼以運動為志業的偉大目標，只是單純跟著團隊訓練，一次又一次投入比賽，國中因為練得勤，比較常得名，也拿過中小型賽事的女子組冠軍，雖然從未拿過大獎，但現在回頭看，大概就是這十多年運動員的經歷，將我塑造出不服輸且好勝的個性。我始終深信練習可以克服不足、努力可以度過難關，直到生下遲緩的孩子，才明白，有的人不是靠努力就能學得會。

孩子的黃金早療期不能錯過，因此我把所有能排的復健全都排滿，大醫院的早療課多排在平日白天，晚上則改到復健診所。那幾年必須奔波於校園與醫院，蠟燭何止兩頭燒，是整根一起燒！那段時期，在職場上我遭遇到很大的阻力，碰到情緒化的主管甚至會當面質問我：「妳怎麼把小孩生成這樣？要一直請假帶她去看醫生！」或甚至酸溜溜的說：「一定是做人不認真，才生下這樣的孩子吧？」

即使如此，為了升遷的夢想，我還是熬了下來，但當對方有意刁難，無論我說什麼、做什麼都不對。最後，看清升遷無望了，我決定離開行政工作，告訴自己，那就當個最單純的國小導師吧！

只是突然要放下堅持十來年的夢想，生活彷彿頓失重心，我也陷入低潮，即便極力隱藏，但我的失落和憂鬱，母親都看在眼裡。

有一天她對我說：「媽媽都這麼老了還去讀大學，妳才三十多歲，不如去考個研究所吧！」她知道我為了照顧三個小孩，總是入不敷出，毫不猶豫的說：「只要讀書，不管幾歲，都算媽媽的！」

一句話像是讓我吃了定心丸，於是念研究所兩年來二十多萬元的學費，都是媽媽偷偷匯給我的。

說實話，雖然媽媽鼓勵我繼續進修也是一大關鍵，但最初讓我決定要報考的原因很單純——「補學歷」可以替自己加薪，畢竟少了行政工作的加給，妹妹要復健、跑醫院、買輔具，每一天、每一步都需要錢啊！但無論出於什麼動機，媽媽與我的先生「工程師」都鼓勵我重返校園，他們接下大部分照顧孩子的工作，讓我無後顧之憂的去讀研究所。

後來我才知道他們的用心，因為開始讀研究所後，每周至少有一天的時間屬於自己，我可以埋首書堆、抽離生活中的挫折，在課堂上好好當回「沈雅琪」。

在找學校時，我只優先考慮交通問題，最後選了從家裡走路五分鐘就能到的經國學院，連續考了兩年終於讓我考上了，雖然每周六、日得去上一天半的課，但放學後我很快就能到家，還能為家人準備早餐和晚餐。

進入研究所後，有一位上課認真嚴謹的老師，我很欣賞她。她教授的是我最不喜歡的英文，指導我們這些重回校園的人如何用破破的英文去讀懂長篇文章，我從她身上學習到很多讀書的方法。當我決定找她當指導教授時，同學一直勸我，「這個老師很嚴格，妳找她當指導教授，寫論文會很辛苦唷！」當下也不知道是什麼執念，總覺得嚴格的教授才會督促我這被動的學生，在兩年內完成困難的論文。

在她的指導下，我掌握了論文的格式與基礎架構，她再找另一位幼教專長的教授，協助我擬定內容方向。在老師們建議下，我以心路歷程出發，以特殊生媽媽的角度，將一路上的痛苦與難受都形諸文字。為了寫論文，我大量閱讀其他特殊生家長的自傳書籍，看見他們在更苦難的日子中一步步走過來，我好像從他們的故事中找到力量，覺得自己還可以撐下去。

當然，現在回過頭看自己的論文，真是讓人臉紅哪！那時的文筆不好、視野不廣、經歷也不夠完整，論文內容偏重於前期的傷心與無奈，難以寫出完整的歷程，但我很感謝那兩位認真的指導教授，帶著我這不夠努力的學生，完成不可能的任務。

當一個好媽媽、好老師的「保證書」

我自己也沒預料到，努力真的沒有白費，那篇論文竟然成為開啟日後習慣寫文章的動力，因為從其他特殊兒家庭的故事裡獲得力量，也讓自己回頭思考：我個人的經歷是否能為其他人帶來一點心理建設，讓他們知道自己並不孤單？也因此，大約在妹妹五、六歲時，我才會以臉書為平台寫下我的心路歷程。

從妹妹十個月大開始，我陪著她復健早療，早期我始終秉持我的運動員哲學：堅持，就能翻轉一切——即使大多時候真的沒有成就感，好像怎麼努力都看不到進步。

記得有一回到伊甸基金會演講，結束後台下一位母親來找我，她低著頭邊哭邊問我，該怎麼養大生病的孩子？要如何教他？選擇哪個學校才好？送他讀特教班，會不會被嘲笑？上了國小後，萬一老師不接受他該怎麼辦？

同樣的焦慮、同樣的擔心，看著那位傷心欲絕的母親，我彷彿看見數年前的自己。我上前給了她一個大大的擁抱，握緊她的手說：「先把心安下來吧！不管怎麼擔心都沒用，我們當媽媽的只能陪在孩子身邊，相信所有的安排都是最好的安排。」

就像妹妹的學校與班級，何嘗不是我深思熟慮後的安排？但即使媽媽為孩子費盡心力，也無法保證孩子能碰到懂她、愛她的老師，跌跌撞撞後我終於明白，兵來將擋、水來土掩，想再多都沒用，遇到問題時再來解決就好了。

這幾年我為了妹妹，成為她心目中的鐵金剛媽媽，因為看見她的孤單，讓我不願放棄班上每個落單的同學；看見她無法完成功課的無奈，讓我耐心的陪伴班上孩子解決學習時的困難。

當我們蹲在孩子身旁，學習從他們的視角看世界時，就能體會到每個行為背後的意義；順著孩子們的目光，就會發現他們的困難；也因著每個孩子的差異，發掘與眾不同的光。

好比妹妹常常問我：「以後我可以跟妳一樣當老師嗎？我可以當郵局賣郵票的阿姨嗎？」她覺得能夠為他人服務，是一件很神氣的事情，每次遇到一種工作都要問問，長大後可以跟他們一樣嗎？

但她知道自己沒辦法大量識字與書寫，我也從不瞞著她，直到有一天，我們去吃飯時，她吃了店裡的冰淇淋，回家後告訴我：「我知道我們以後可以做什麼了，我賣冰淇淋，另一半請媽咪來賣蛋糕好嗎？」

我的天空瞬間豁然開朗，賣冰淇淋和甜點，這是多麼讓人開心的工作呀！我常想，妹妹的出生，一定是上天派給我的天使，因為這孩子總是會找到讓我放心的方法，她不需要準備任何的考試，不需要被分數評價自己，每天放學陪我做菜、陪我做蛋糕、揉麵團，我陪她畫畫、看卡通，雖然過著跟別人不一樣的生活，但每一天都和這個單純又天真的孩子，開心的活在當下。

人生就是這樣，遇到走不通的路，會自己轉彎找到適合的位子！

十幾年前，我拿到了主任資格，哪會知道這輩子不但沒機會用上，連證書都不知道被我塞去哪裡，但是我從來不後悔這樣的決定。

後來想想，我這脾氣哪裡適合當主任？但我有敏銳的觀察力啊！當導師再適合也不過了！雖然在同一間教室「工作」，帶了二十多年的學生，但每一屆的孩子都不一樣，我很自豪的說，自己從來沒拒絕過一位特殊生，不曾因為貧富，對孩子有差別的態度，雖然我是一個沒有顯赫頭銜的老師，但我想那些頭銜、學歷、官位、獎狀，都不會是「好老師」的保證書。

能夠及早察覺問題、發現自己不適合，就能重新找到生活的重點。當然，挫敗感一定讓人難過，但每一次的失敗都是思考的契機，或許是為了告訴我們：有更好的方式、更值得的事情需要我去努力，一時的放棄不是逃避，是為了替人生做出更好的選擇。

那時的遺憾，現在想來反而很慶幸，我不需要為了一個位子失去自己，而研究所與論文像是個引子，讓人生經驗環環相扣，一路串聯至今。撐過了人生的黑暗期，不僅拿到學位，還開啟了很多我從沒想過的經歷。

無心插柳的善意，回報到我和孩子身上

妹妹兩歲的時候，因為肌耐力不足，各項發展指標都嚴重落後同年

齡的孩子，在一次發展評估時，治療師建議我們讓妹妹去上幼兒園，透過同年齡孩子的互動影響，對於妹妹的發展與學習將會有很大的幫助。

為了妹妹，我打了好多通電話，甚至親自到幼兒園拜訪，最後終於找到一位園長願意接手，面對唯一的機會，顧不得長路迢迢，我們每天無論寒暑，都提早半個多小時出門，必須開車翻過一個山頭後才會抵達幼兒園。

我很喜歡開車，特別喜歡這一條少見人跡的山路。每天早晨往往只有幾位運動的居民，除此之外一路上幾乎看不見其他人車，心情好我會聽著音樂，從落葉的顏色，感受季節遞嬗；若覺得低落，會打開車窗吹吹風，即使無助到沿路哭泣，也無須擔心被人發現我的脆弱。

某天就在熟悉不過的山路上，經過一處彎道時，赫然發現一對老夫婦倒臥路旁，我嚇了一跳，也不知他們躺了多久，當下趕緊把車停靠路邊，快步上前看看的狀況。

雖然他們兩人疼得無法移動身軀，但好在意識還算清醒，一問之下才知道，原來老伯伯騎機車載著老太太，行經彎道時不慎因為滿地碎砂石而打滑。我要他們別擔心，接著趕緊叫救護車，又替老夫妻聯絡家人，然後陪著他們聊聊天、加油打氣，直到看見老夫妻上了救護車後，才放心的帶妹妹去上學。

後來我到醫院探視他們，老夫妻動了手術後狀況穩定許多，遠遠看見親友圍繞在他們身旁，心裡頓時安心不少。日子一久，我也漸漸淡忘這件事情。

又過了幾年，我們學校有一位家長是單親媽媽，帶著老媽媽和孩子生活，為了照顧老幼，她每天早出晚歸，兼了好幾份工作，但生活還是捉襟見肘。這位媽媽才三十來歲，年輕漂亮且為人和善，我們私下都稱她為「美人媽媽」，可惜美人無美命，隆冬一場寒流竟然讓她倒地不起，送往加護病房後，昏迷好長一段時間，在平安夜靜靜離開了。

美人媽媽來不及交代任何一句話就嚥下最後一口氣，只留下讀小學的孩子和年邁的老媽媽。隔天那孩子堅持來上學，和他的好友跑跑跳跳、大笑大鬧，比起平常顯得亢奮許多，我稍微出聲制止他，卻捨不得責罵，因為我明白那些頑皮笑鬧的背後，是多少流不出淚、喊不出聲的傷痛。

同樣讓人心疼的是，還有沒時間悲傷的老媽媽，他們一家子本來日子就過得辛苦，唯一的經濟支柱又無預警倒下，老媽媽連喪葬費用都拿不出來。幾次去家訪時，只見老媽媽淚流滿面，邊哭邊說自己沒用，沒有能力送女兒最後一程。

那天回家後，我滿心感慨，在粉絲專頁上寫了一篇文章〈美人媽媽走了〉。當晚我收到一則訊息，竟然是來自前幾年我在山路上遇到的那對老夫婦的媳婦，她說，他們願意捐五萬元，幫助老媽媽度過難關。

那則訊息讓我當下熱淚盈眶，我感動的不只是他們的善意，而是看見「善的循環」，從沒想到幾年前無心種下的善緣，會在有朝一日開花結果！

美人媽媽的文章在網路上造成迴響，我回各方訊息回了整整三天，私人訊息、信箱都被四面八方的善意塞滿，好多人伸出援手，出錢出力出物資，幫助這對祖孫走過難關。老媽媽用善款辦妥女兒的後事，剩下的款項，也足以讓祖孫倆度過往後幾年的生活。

一陣風暴為生活颳起旋風，但風暴終究會過去，美人媽媽離開了，孩子也從悲傷中站起來，在班上穩定且認真的成長著。

一起去畢業旅行吧！

再隔了一年，到了畢業旅行的時節，班上有個始終穿著厚外套的孩子，執拗的堅持不參加畢業旅行，任誰怎麼勸說都不鬆口。我猜測是經濟上的難題，私下找他談談，但他抓緊厚外套的衣領，像是穿上一層牢固的盔甲，層層包裹住內心的想法。

其實每一屆都有家境不寬裕的孩子直接勾選不參加畢業旅行，但這將會是孩子們童年裡一段難忘的回憶，只要我帶班，都會想方設法讓所有孩子參加。我想起他和美人媽媽的孩子是好朋友，下課後常去他家串門子，和他們家的老阿嬤感情也很好。於是我私下請阿嬤幫忙探口風，孩子才終於吐實，因為沒有錢無法參加畢旅，他想去卻又不能去，礙於面子問題，乾脆說服自己：「不想參加畢業旅行！」

阿嬤後來告訴我，除了幫自己孫子繳費，也幫那位家貧孩子一併付了錢，讓他們這對好朋友開開心心的參加畢業旅行。她說，在人生最困難的時候受到大家這麼多幫助，現在她走過難關，還有能力可以幫助別人，真的好開心。

我心想：「又是一次善的循環呀！」看著一個家庭從風雨中站起來，甚至有能力對更弱勢的孩子釋出善意，實在令我感動莫名。我深信「萬事皆有因果」，當我們需要的時候，曾付出的善意都會回饋到自己身上。

約莫兩年前，昔日總穿著厚外套的孩子特地回到學校找我，他一身輕裝，總算脫去那件總是包裹層層心事的厚外套，時光讓他長成一個愛笑的孩子，不僅對答如流且言談間充滿自信，完全無法聯想到昔日沉默寡言的模樣。他靦腆的笑說，當年不知道該如何把「謝謝」說出口，但老師和同學對他的好，其實他全部都知道。

雖然沒有安適的環境，但他們從生活中淬鍊養成感恩的心。每當看見善的循環，總讓我不斷思考，如何運用自己的影響力，幫助更多人解決問題？

匯聚眾人之力，募得百萬善款

二〇一七年四月，我寫了一篇與貢丸湯有關的故事，希望班上的孩子用完營養午餐後，能留下一些貢丸，讓家貧的孩子打包回家與阿嬤分享。那篇文章貼上網路迅速引發迴響，有許多網友被感動了，但也引來不少批判的聲浪。

這件事後續帶給我很大的震撼與磨練，讓我嘗盡人情冷暖，但意外的是，無論是帶著善意或惡意的粉絲，都讓我的知名度因此大增，粉絲團人數短短幾天內從三萬人倍增到八萬人。慢慢的，我自己的心態也轉換成半公眾人物，開始學習坦蕩面對內心，我告訴自己要從攻擊與謾罵中不屈不撓的站起來，不斷提醒自己關注正向的鼓勵與支持，無須強求所有人的認同，因為懂我的人不必多說，但對不懂我的人，說再多都沒用。

大約在二〇一九年後，不斷有廠商找我發業配文，剛開始我都斷然拒絕了，因為這是我單純分享生活的園地，怎麼能有商業行為？每天一篇文章是我的目標與堅持，怎麼能拿去做廣告、還拿去賣錢？我在心裡對自己開玩笑說：「我才不屑呢！」堅持不向商業行為低頭！

但就在彼時，識字能力有問題的妹妹被編入資源班，於是我自費購買點讀筆，把課本內容變成有聲書，看見女兒終於透過點讀筆徜徉文字之海，那一刻真的好感動。

我在臉書和大家分享妹妹用點讀筆的影片，立刻引發三十多位特教老師的注意，大家有意讓班上的小朋友透過點讀筆學習。於是，透過轉介，只要是願意幫孩子想辦法的特教老師，我也想竭盡全力協助他們找資源，因為在幫忙其他特教班學童時，我心中覺得好像自己的女兒也受到照顧一樣。

陪著妹妹上資源班六年，我看見特教老師的辛苦和付出，以及資源上的匱乏，尤其特教班經費相當稀缺，一個特教班每年只有區區新台幣五千元左右的費用，很多老師為了購買適合的輔具，曾連送了三次輔具企劃書都遭到駁回，甚至得自掏腰包補足經費缺口，所以我不斷想辦法去籌措資源。

剛開始，我先自掏腰包、匯了一萬元給特教班，又把還沒到手的稿費，全拿去買點讀筆，但一個人能投注的資源有限，還有好多特教老師需要點讀筆，當時稍微估算一下，若要滿足特教班老師們的需求，大約還有四萬元的資金缺口。

當我持續為特教班輔具經費奔走時，剛好有家廠商傳訊息給我，好巧不巧一篇業配文的酬勞正是四萬元。我其實心裡明白，公務員無法兼差，但看著現成的四萬元經費，又想起特教班老師憂心忡忡的神情，心一橫就接下第一篇業配文。

我跟廠商商量，能否把業配的費用全部用來訂點讀筆？廠商很佛心，在原先四萬元的額度外，還多添了一些經費，一口氣幫我訂了三十組，而點讀筆廠商也跟著捐了十二組，當我將點讀筆分配到各個特教班老師手上時，內心著實震撼，沒想到一篇還沒完成的業配文，立刻讓四十二個孩子有點讀筆可以使用！

那一刻我明白，做對的事情，全世界都會來幫忙。後來我開始定期接業配，所有費用請廠商直接匯入學校或機構的戶頭，指定支付特教班輔具等費用，就這樣一年內陸陸續續捐了一百多萬元。

我沒收過現金，也從未讓報酬入自己的戶頭，但還是被檢舉了，甚至鬧上新聞，斗大的標題寫著「網紅神老師接業配」。我知道業配違反規定，只要牽涉商業行為就是不行，所以我也不抗辯，於申覆書上第一條寫著：「本人確認受檢舉之業配行為一事是事實」。

被檢舉當下沒有生氣與難過，只是有點緊張，擔憂新聞曝光後，談好的幾家廠商會不會抽回合作？這樣又會有幾個特教班少了一筆經費。違反規定的結果會影響考績，而考績對於一位教師而言，是評斷用心與努力程度的關鍵，沒有老師不在乎考績，我也不例外。

我帶著煩惱回家，抱著工程師哭訴：「我考績可能拿乙等。」工程師問我：「會有哪些影響？名聲、升等，還是獎金呢？」

我反覆思考那幾句話，名聲與升等什麼的，我早就不放心上了，影響最大的可能是九月領到的考績獎金，算了算大約三萬元。工程師聽完，哈哈大笑，「妳有差那三萬元嗎？我給妳兩倍！」

老公不愧是理工人，他去除情感層面，理性分析事情的結果，使我內心不再糾結。我心想，乙等那就乙等吧，用三萬元的考績獎金，換到一年捐出去的一百多萬元，我覺得太值得了！

讓一百多個孩子有新衣

要跳脫身分和職業去做善事，是一件辛苦的事，即使是善行義舉，看在不同人的眼中也會有不同的想法，會受到質疑和批判。但我的初衷依然沒有改變，既然這條路走不通，不妨轉個彎、換個方式，在捐款之外，看見孩子們的需要。

那年深冬，我踏入幾家安置青少年的機構，在冷冽的寒風中，看見孩子們身上穿著過大過小的舊衣服，我心想，要送給每個孩子一件新外套。

那一年的過年，好多網友參與新衣認捐的活動，我們讓孩子自己挑選喜歡的樣式與尺寸，讓機構裡一百多個孩子穿著新外套和新鞋子迎接過年。這些事情沒有媒體曝光、不需要感謝狀，但我留著孩子寫給我的卡片，他們寫了：「謝謝您們願意給我選擇自己喜歡的衣服。」

沒有人比我明白，在困苦的人生中，能夠有選擇權，是多麼奢望的一件事。

即使我換個方式行善，還是不斷被檢舉，但當下已心無波瀾，因為幫助孩子的初心不是為了成就自己，自然不會影響我去做這些考績評比以外的事。

乙等的標記，大概注定自己一輩子與各種「優秀老師」的獎項無緣，但轉念一想，如果我能善用大家給我的人氣與觸及率回饋社會，拉這些辛苦的孩子一把，我怎能放棄？

因為承擔責任，就必須萬分謹慎，要在網路上生存，我知道自己要收起玻璃心，面對各種批評，我選擇不聽不理，堅持自己想做的事，堅持多幫助他人一點，當自己把心態擺正後，做起善事不再扭捏，而這般堅定的信念，不只為自己帶來勇氣，也可以為旁人帶來能量。

無論「考績」或「業配」，對我而言不過是漫漫人生中的一道選擇題，既然選擇朝自己的理念往前衝，就必須坦然承受後果和壓力，走過風風雨雨，我不需要任何考績的嘉勉，不需要任何頭銜評斷我的價值。

雖然沒有考績保證，但我多麼幸運，一直活在大家給我的感動中。

變成需求者和提供者的橋樑

這些年來，很多網友、廠商都沒見過我，但是對我非常信任，常常會提供物資或小額捐款，讓我轉送給需要幫助的家庭，而每天到我文章按讚的人數，有時甚至比一些百萬粉絲的臉書網紅來得多，也因此有人曾對我說：「妳真是走狗屎運，長得又不美，竟然可以成為網紅。」

以前的我也許會為此難過兩三天，但如今卻能一笑置之，坦然說：「我一點都不幸運，但我很努力呀！」

大學聯考時，我的國文分數不到低標，可想而知「寫作」對我來說是多麼困難的事。但我沒抗拒寫作，更沒因此排斥閱讀，從創立粉絲頁至今，堅持每天清晨四點起床寫作，接連數年不間斷的閱讀親子教養與特教相關的書籍文章。

學生時期的我一想到寫作文就覺得天要塌下來了，現在卻沒有一天能離開書寫，背不了名言佳句或任何詩詞，只好每天寫、每天練，把看到的、經歷過的、心有所感的內容化成文字，一次次細修文章再和網友們分享。

寫作對我而言很花時間，但我骨子裡依然是年少時執著又好強的運動員，七年來每天不間斷的練習，漸漸找到自己的寫作步調，從沒想過昔日國文低標的平庸魯蛇，竟然出了六本書，都四十幾歲的歐巴桑，竟然成為網紅！

後來我發現，原來有好多跟我一樣身上曾經充滿裂痕的人，看著這些文章一起難過、一起努力，一起陷溺在綿綿無盡的悲傷，也跟著我一起拍拍灰塵、挺起背脊，每一步都讓自己更堅強。

「原來這就是我的社會責任！」如果可以善用網路上的影響力，去做更多有意義的事，就能為更多黑暗的角落帶來光芒。我始終認為，盡責就是一個人用最大的能力承擔責任，既然我擁有如此多的信任，陪我養成這麼大的能量，我就要盡全力承擔我對社會的責任。

曾在書上看過一句話：「萬物皆有裂痕，那是光照進來的地方。」每個人都不完美，也因為不同的裂痕，所以每個人透出來的光都不一樣。

不知不覺間，我的粉絲專頁聚集了志同道合的朋友，總是在孩子們有需要的時候挺身而出，眾人的一呼百應，每每讓我感動不已。原先單純為了分享心事而創立的平台，逐漸匯聚成裝滿愛的池塘，而我在其中，為「有需求者」與「提供資源者」搭起一座座橋樑。

七年來累積的文章，曾經承載我的裂痕與淚水，但現在更多的是笑聲還有滿滿的正能量。如今，「神老師」三個字已經從昔日學生在作業簿上的筆誤，成為我的代稱，是包袱、責任、肯定，更是一股支撐自己走到現在的信念。

仔細想想，人生真的好精采，就像是一場只能不斷往前打怪破關的遊戲，我沿途越級打怪、闖關、卡關、失敗，再透過不同的嘗試，不斷進化自己然後一次次破關，在人生有限的時間裡，盡我所能完成所有想做的事情，如今回首半生，幾乎沒留下遺憾。

CHAPTER

2

夢想的養分：我們家，有個神媽媽

媽媽沒有傲人的學歷，不懂教育理論，
但她在拮据又屢經打擊的經濟環境下撐起一個家，
帶領六個孩子度過不同人生階段的風暴；
甚至在別人含飴弄孫的年紀，她一邊背著工作重擔，
一邊選擇重拾書本、一圓讀書夢。
在媽媽身上，我們從未感受到有什麼「不可能」，
她用身教改變了所有孩子的命運，
正因為有神媽媽，才有我們這一家。

最有韌性的頭家娘

——Vocal

我們老家在依海而生的港都基隆，在一九七〇年代曾是台灣第一大港，當年很多有夢的年輕人都會前往港區找尋機會。母親從小住石碇山上，家裡務農，小時候學業表現超好，卻因為家境因素在十幾歲時就無法繼續求學，隻身來到基隆學習美容美髮，靠自己的力量養活自己。也就是在這個美好燦爛的雙十年華，她遇上了開大貨車的爸爸，然後有了我們這一家。

母親骨子裡有著早年台灣人克勤克儉的拚搏精神，剛結婚時，夫妻倆沒什麼錢，但既然住基隆，加上爸爸原本就是貨車司機，也就順理成章的投入貨運業。於是二十一歲那年，剛結婚的媽媽向銀行借貸、也回娘家周轉，籌了一筆資金買下第一台貨車頭，和爸爸在港邊開了間小貨運行。最初家裡只有一部貨車，他們依著男主外、女主內的分工方式，兩人撐起草創時期的繁雜業務。

為了撐過不穩定的創業初期，媽媽在忙貨運行工作之餘，仍持續在美髮店替人洗頭貼補家用，兩三年過去，貨運行客戶漸漸穩定下來，又陸續增加第二台、第三台車，並固定與三位司機合作，每天請他們到碼頭接貨櫃，送給各家貨主後，再將空貨櫃運回碼頭。

在還沒電腦化的時代，所有外務人員的聯繫調度得仰賴一通通的電話，媽媽雖然是外人口中的「頭家娘」，但畢竟沒有其他幫手，她必須親力親為守在電話旁處理業務。貨車司機要跑外勤，天氣熱、工作重，任何一個小細節沒聯繫好就會讓他們火氣上揚，常一通電話打回來，不是大聲抱怨就是出錯求救，若是脾氣大一點的人接到電話，講個兩三句就會忍不住怒吼，但無論再大的衝突，只要媽媽接過電話，輕聲詢問幾個問題，就能即刻為氣頭上的司機找到解決方法，三兩下就結束一通電話。也因為爸爸比較急躁，媽媽溝通能力好，到後來多數業務幾乎都要靠她自己協調處理。

媽媽一直是各方人馬中間的潤滑劑，遇到客戶有意刁難，不能得罪對方也不能一味忍讓。在結婚隔年，二十二歲的媽媽就生下大女兒，後來又接連生下五個孩子，要背著龐大的債務壓力養活一家八口，讓她無法放棄任何一個刁鑽的客戶，在這樣的環境中，我常聽見媽媽有如四兩撥千金的說話藝術，又是安撫、又是讚美，還能在逆勢中不卑不亢的堅定立場。

印象很深刻的畫面是，常常一通電話還沒講完，另一支電話又響了，媽媽會和對方說一句：「等我一下。」然後把話筒夾在肩上，趕快接起另外一支電話。於此同時，身後廚房瓦斯爐上的水還在燒，水滾了，發出刺耳的汽笛聲，媽媽會說一句：「你們都等我一下！」然後把話筒放在桌上，趕緊跑到廚房關火。

電話的那頭，可能是司機為了貪快沒照著流程走，所以報關行、港務公司三不五時就打電話來跟媽媽吵架，話筒另一端的怒火總是一觸即發。我常看著媽媽講電話講到滿臉漲紅，彷彿頭頂都冒煙了，但神奇的是她會克制自己的情緒，和風細雨的解決問題，我從沒聽過媽媽和對方大小聲，而我想這一點，我們這些孩子都受到媽媽的影響。

急迫與忙亂的節奏容易使人失去耐性，可是媽媽始終帶著優雅前行，即使無端成為出氣筒，她依然會換位思考替對方想，她總說，司機在外奔波，很熱也很辛苦，有脾氣都是正常的，若是在屋內調度的人無法同理對方，跟著吵起來就沒辦法解決問題了。

她對員工很寬厚，尤其對表現良好的司機，簡直好到無話可說，有時我們都覺得她這麼厚道會不會因此吃虧，但媽媽從來不這麼想，她覺得當司機是耗費體力的辛苦工作，每隔一段時間就會故意找理由、想名目幫司機加薪，金額動輒數千、上萬元；即使碰到員工發生較嚴重的問題不得不資遣對方，她也會額外準備一筆費用，感謝他曾經的付出，讓彼此好聚好散。

媽媽的處世之道，為我們帶來最好的身教，她從不需要刻意教訓我們什麼人生的大道理，因為我們這幾個在她身邊繞來繞去的小蘿蔔頭，從小看著看著就學會了。

讓一家子陷入谷底的偷車事件 —— Vocal

幾年下來，家裡的貨運行經歷各種風風雨雨，媽媽也跟形形色色的司機合作過。有人收了錢捲款潛逃，有人酒駕惹事，也有脾氣很壞的司機，只要稍有不如意，拿起電話就吼媽媽出氣，各種光怪陸離的事都可能在我們這小小的貨運行裡發生。

家裡第一次經濟危機，發生在七十一年的退票事件。當時家裡除了貨運，也做營造包商打算承攬一些工程，請同行來開挖土機，結果上游廠商跳票，束手無策下，爸媽只好拿家裡的貨車抵押，以三分利去借貸，賠了將近兩百萬元給下游廠商。那一年我剛出生，大姐十三歲。

民國七十九年時，又發生因為人為疏忽導致貨櫃車被偷，讓全家的生活雪上加霜。

貨車司機有時會將車輛暫停路邊，但早年有些司機也許是貪圖方便，也許是心存僥倖，停車後竟然就把鑰匙留置在車上。夜路走多了總會碰到鬼，有一次我們的司機喝了點酒，將車頭連同貨櫃就隨意停在路邊，人也不知跑去哪了，結果連車帶貨一起被偷開走！那一回貨櫃裡裝的偏偏又是稀有價昂的建材，光是這個遺失的貨櫃，我們就要賠償近千萬元。

媽媽從不對我們這些孩子明說，她當下只擔心影響我們的學習，但我依稀記得她為這件事一夜消瘦的憔悴。即便與廠商合作多年，彼此有良好的互信基礎，廠商也給我們一些還款緩衝，但那筆賠款打了折仍要賠償好幾百萬，更不用說那輛剛買不久、貸款尚未清償的貨車。

這個本不應該發生的離譜疏失，把我們的生活一夕間帶到谷底，但媽媽仍盡可能以厚道的態度，多準備一筆錢，讓司機不帶怨言、好好離開。事後回想，這應當是媽媽的智慧，她以柔克剛，不使對方難堪，軟化司機聽到被資遣的負面情緒，也許在無意間也化解潛在的衝突，避免使家人陷入更深的險境。

很多年後才聽媽媽提起，前後兩次事件累積近千萬的債務，只好靠著借貸挖東牆補西牆，看著利息越滾越多、差一點就被壓垮，媽媽曾說當時一個星期內暴瘦好幾公斤，感覺「快爬不起來了」。當時我八歲，其他姊姊大約是十多歲的年紀。為此，我們過了好長一段時間的辛苦日子，別說我從小幾乎沒有什麼全家旅遊的印象，每逢長假，姊姊們也會到處打工，去工廠幫忙剝蝦子或做家庭代工，後來先離家讀大學的大姊，更是利用平日晚上接案賺錢，甚至於幫妹妹分攤念國高中的學費，大家努力替媽媽分憂，一起度過最難熬的那些日子。

數十年過去，家中的負債總算一筆筆清償，但媽媽的白髮也漸漸增加，她終於有心力思考退休後的人生，媽媽逐漸縮小公司規模，到最後只留下一台貨車，和一位配合二十多年的司機。

但即使到了正式退休的那一刻，她依然不改對員工寬厚的態度。

媽媽一直到滿七十歲的那年，經營多年的貨運行才正式拉下鐵門，關門的那天，媽媽把車鑰匙交給老員工，告訴他：「車子你也開習慣了，這輛拖車頭就給你當退休禮物。」其實，一輛二手的拖車頭至少還有數十萬的殘值，但媽媽二話不說拱手送人，讓為公司打拚二十多年的司機，直接將他的「戰友」開回家，還能夠繼續延續他的事業。

一台拖車頭換到一輩子的友情，即使退休了，但媽媽與司機一家人成為無話不談的好友，他們每周相約出遊，彼此的互動猶如沒有血緣的家人。

當我們幾個孩子陸續進入職場，在很多時候都會想起媽媽待人接物的身影，她的職場智慧也讓我常回頭省思與工作夥伴的關係。

YouTube 等自媒體興起，我也開始經營自己的頻道，聘請剪輯師、開頻道，透過影片分享旅途見聞。和剪輯師合作久了，彼此有一定的默契，我很感激他們的付出，於是每次付款都會在說好的薪資外多算一點給對方，後來合作到了某個階段，我想要提高影片規格，就主動與他們商談並加薪，事後想起不禁莞爾，這不就是媽媽從前待人處事的習慣嗎？

我也曾被合作廠商拖欠款項，時間長達八個月，對方一次次推託、賴帳、欺騙，甚至出口揶揄，讓我氣個半死，超後悔當初曾信任並幫助對方。好幾次在盛怒之下打算請律師開告，但我腦中總會想起母親過去的做法：別用情緒處理事情。

畢竟社會上有各種風險，完全忍讓只會使自己被踩在腳下，我雖然不打算再忍耐，但也不想把事做絕，於是幾次都是深呼吸後，帶著理智與對方數度相談，很長一段時間後才終於拿回屬於自己的酬勞。母親讓我相信，寬恕的力量勝過懲罰，柔軟的力量勝過剛強。

母親似水，有著江水悠悠的溫柔，也有湧浪滔天般強韌的力量，她心細而堅毅，像風中的芒花，迎風而彎卻彎而不斷，她小小的身影，在我心裡變得巨大無比。她的荳蔻年華，沒有太多詠嘆青春的美好時光，卻以正面無比的態度，面對老天爺給的難題，也因此，每當我遇見難解的人生課題，總會回想當年她面對艱困考驗時的委屈和韌性。

她是我不斷挑戰、突破自我的動力，無論到世界的哪個角落，都讓我都心有所寄，因為母親在的地方，就是家的方向。

神媽媽的話

環境的困厄，磨練人的耐性也造就了韌性，現在回想，走過來了真好！有經歷過才知道箇中辛苦，即使過往不堪回首，但因為有當初的咬牙耕耘，現在才有能力幫助更多需要的人。我自己很喜歡「危機就是轉機」這句話，雖然老掉牙，但可以鼓舞處於徬徨不定情況下的人們。我是一個母親，我告訴自己，再難的困境也一定有勇氣拚過來，因為責任會讓一個人勇敢！

好好說話的藝術

——Vocal

當我還是個大學生，已經是代表台灣出國比賽的電競選手，多多少少還是有點年少得志的症頭，雖然我一直以為自己很謙虛、很注意禮節……但當我們回頭看，二十歲的我，還是太嫩了，總帶著有些自我中心的孤傲脾氣闖蕩，有時候仍拿捏不好說話和做事的分寸，交友漸漸變得廣闊，朋友圈裡黑黑白白、形形色色，什麼人都有。

相較之下，從年輕時維持一貫優雅氣質的母親，作風和我成為極大的對比，無論日子多苦，記憶中的母親總是掛著淺淺的笑，說起話來輕聲細語，有如春風拂面。

媽媽每天一大清早起床，在家庭與事業間來回奔忙，但即便整天忙得說不上幾句話，對於我們六個孩子的品行教育也絲毫不馬虎。如果我們在外受了委屈，媽媽會暫且放下手中的工作、細細聆聽，有時只是微笑聽我們抱怨，有時會直接點出我們的問題，她最常說：「不求你們未來大富大貴，但一切行為舉止的出發點，要符合善良的本性。」

爸爸個性急、工作忙，不會與兒女聊天，有什麼事多數是媽媽幫我們處理，也因此有別於不怒而威、較有距離感的爸爸，在我們正在建立價值觀的稚嫩年代，媽媽總是循循善誘，以不破壞親子互動的前提，引導我們學習正確的處世之道。

小時候我家有一隻狗叫做小白，牠是隻肥肥短短的白色狐狸犬，是我童年時最要好的家人和朋友。我記得小時候我是很挑食的，也因此長得瘦小，常常對媽媽準備的愛心便當挑三揀四，媽媽的做法不是罵我浪費食物，也不是逼我全數吃光，而是想到一招殺手鐧。她騙我：「如果以後哪天不把便當吃完，那我那一天也不會給小白吃飯了！」這招真狠！媽媽假意把小白的晚餐和我綁在一起，她不需要大發雷霆，也不用白費力氣講道理，只說了這麼輕輕的一句話就擊中我的軟肋，讓我乖乖吃完所有東西。

說起來，我們六個姊弟個性不同，有的衝動火爆，有的像個悶葫蘆啥都不說，媽媽因材施教，做法完全不同，唯一共同點是不曾打過孩子，也不曾破口大罵。在我印象中，媽媽最嚴厲的時候，會收起笑容，把平時無限供應的愛與溫度全部收回，也不再溫言軟語，光是這樣，就足夠我內疚又難受得不得了。正因為平時皆能感受到媽媽的愛，即使像我和五姊小蘭都是比較倔強叛逆的孩子，就算當下不服，情緒過後也依然會帶著懺悔回頭。

在八〇年代，不少學校還有能力分班的制度，在我就讀的國中也不例外，回想那段念資優班的苦澀日子，別說電動，連喘氣放空的時間都很稀有，每天面對的是寫不完的作業、考不完的試，還有讀不完的書，一旦考試沒有達到九十分（數學是八十），少一分就要被老師打一下。十五歲的我，曾經因為寫作業寫到深夜寫不完，焦慮到哭出來。在這種壓力下，當我提出想去電動遊戲間「放鬆身心」時，媽媽只和我約法三章，要求課業優先，此外非但沒有阻止，反而還小額贊助我那在一般師長眼中的「叛逆行為」。

過了許多年，我再問她當初為何敢於放手讓我去電動遊戲間玩，媽媽笑說：「一方面是我了解你們個性，硬要管反而管不動，另一方面我當時不了解電腦和電動啊，我想放你去外面打電動，搞不好可以訓練反應力呢！總之我盡量往好處想，不給你們太多限制。」

媽媽的個性明理開放，她知道面對青春期的風暴，硬要防守只會把孩子從自己身邊推得更遠，不如稍微放手，讓孩子願意對她說出真話。

步入職場多年，我早已從後輩成為前輩，這幾年也開始到學校分享我的電競經驗，每當在網路上、在職場或在校園內，要和血氣方剛的孩子或年輕人溝通，我總會想起媽媽昔日的言教與身教，提醒自己，該聆聽時用心傾聽，該出意見時好好說話，別太過強硬，不妨聽對方多說一句，別在尚未了解全貌之前，為反對而反對。

因為強制要求年輕孩子照著你所規畫的路前進，雖然短期內看似立竿見影，但怨氣只是深埋心中，最重要的是，一旦失去對方的信任，就會將他們越推越遠，未來就別想聽見一句真話了。

和媽媽開放的態度不同，爸爸的個性保守嚴肅，他老人家總是三句不離訓話，不斷耳提面命我們要做好這個、做好那個，結果我這個死小孩後來唯一記得的就是躲，躲得越遠越好，這樣就比較不需要面對壓力。看來如果要孩子學習道理，還是不要一直叨唸效果會比較好。此外，奇妙的是，成長至今，我不記得母親曾表達希望我們成為什麼樣的人物、或強烈建議我們從事什麼樣的工作，她的期待很簡單，除了要我們平安健康，就是要做個端正溫厚不虧待別人的人。

幾年前，當我終於覺得電競主播的工作上了軌道，我邀請媽媽到公司的電競館，讓她參與我的工作，看看我這些年都忙些什麼。因為媽媽在台下看著，那次賽事講解我說得特別賣力也特別認真，我要把最好的一面讓她看到，讓她能夠了解她做的所有好事，都進入了我的生命之中，她的努力沒有付諸流水，她的用心也沒有錯付。此刻我站在這裡，把從前的叛逆化為正道，並回頭幫助年輕人，帶領他們在炫目又迷惘的青春歲月中，找到自己的道路。

神媽媽的話

玩電動往好處想可以訓練反應、手眼協調，只是要盡好這個年紀的責任。我當然也會擔心兒子的課業，也曾偷偷幻想孩子能當上律師或醫生，但Vocal跟我說：「媽媽，我覺得電競需要我付出的心力，比拿到研究所學歷還重要！」我心想孩子大了，他知道他在做什麼、自己的夢想是什麼，就先隨他去吧！

孩子的成長路途有高低起伏，他們走想走的路，萬一遇到瓶頸，再給他們勸告或建議，孩子在心平氣和下就能調整心態步伐，又會創造另一條道路。多年後回首過往所留下的酸甜苦辣，不也豐富了人生況味嗎？

和詐騙集團交手

——Vocal

體貼與善良是一種選擇，但面對惡意要適當露出鋒芒。

在我大學時，現金卡和信用卡開始大量在年輕世代中流行，但我一直沒有辦卡，因為我不希望在經濟能力普通的狀況下有張卡，那可能會讓我不自覺的習慣花錢。某天我接到一通電話，對方自述是某某銀行，說我「刷卡有異常，增加了好幾筆消費」，一連串的專業術語聽得我一頭霧水，但我沒有信用卡，怎麼可能亂刷卡？

今天的你們應該都猜到了，這通電話很明顯是詐騙電話，也許是詐騙集團捏造故事，又或者是我的資料真的被利用來盜刷了。

但當年的我很「嫩」，二十多年前電話詐騙的手法才剛興起，資訊也不若今日發達，突然接到電話的我簡直丈二金剛摸不著頭緒，焦急的像熱鍋上的螞蟻，不斷重複著：「我沒有呀！」「我沒有刷這筆，沒花這些錢！」

對方「很明理」的說：「沒關係，有可能是人家用您的資料辦了卡盜刷，讓我們來幫您釐清，您就照著以下步驟，一步步來解決這個問題。」

大學時的我不過是個靠比賽獎金為生的窮小子，聽見被盜刷了一大筆金額，心裡還是有點慌，搞得我半信半疑的。

剛好過沒多久我跟媽通電話，聽我提到了這件事情，媽媽一改平常溫婉的態度，要我把電話號碼給她，她來問問看。

電話的那頭要求我們必須支付被盜刷的金額，母親拒絕了；對方又改口要求提供我的詳細資料，才能進一步處理，她再度果斷堅定拒絕了。到了這裡，她幾乎可以確定是詐騙電話。

媽媽說：「這種攸關個人隱私的資料，怎麼可能隨便一通電話就交給你？連人家盜刷你們都搞不清楚，還要我們受害者付錢，把資料交給你，萬一弄假成真怎麼辦？」

詐騙集團這時也急了，對方不斷鬼打牆：「這是我們經理的規定，不要造成我們的困擾，請你配合，不然就付錢。」

媽媽說：「你們經理規定？這是你們公司的事情吧！我又不是你們公司的人，經理權力有大到連受害者都不能保護自己嗎？那這樣，你也先把你們經理私人資料給我，我再考慮！」

詐騙集團這時還不放棄，他接著說：「我們經理職位那麼高，怎麼可能給你們私人資料？」

媽媽：「你也知道不可能？」「經理又怎樣？我兒子以後還是董事長勒，我告訴你，要是敢再打來騷擾我們，我就告你！」

對方眼看騙不下去，對媽媽破口大罵後掛了電話。事後我們向銀行查證，哪有什麼盜刷，就是遇上詐騙集團了。

這起事件讓我看見母親的另一面，那個平常總是輕聲細語的媽媽，面對惡勢力竟一步也不後退，同時回應得句句到位，讓對方啞口無言。原來即便是寬厚寧靜的海洋，也能夠在關鍵時成為洶湧的大浪猛流，溫和的力量並不輸給張狂的惡意，善良也不代表好欺負。

「做人」或「做事」，都僅僅兩個字，背後卻有千百種難，大學畢業後，我在這廣漠的人海中，漸漸看盡社會的美善與醜惡，但我仍不至於完全失去個性中的童心與善良，我想這還是因為我們家擁有一個以身作則又具有彈性的母親，她讓孩子們都擁有了面對無常世事的牢固地基。

神媽媽的話

不是每個人的心裡都健康正直，也不是每個人都習慣接受生活的無常，很多人帶著憤恨和不平在過日子。我們不吃眼前虧，保持樂觀隨緣，但不是天真，也不是懷抱不切實際的幻想；我們盡力珍惜保有人性的良善和單純，但不是沒有底限的讓人欺負。這些並不容易，我始終認為人生就只能邊走邊看而一路學習。

和叛逆的孩子當朋友

——小蘭

我從小就很皮，小時候的「皮」很單純，就是愛吃、愛玩、愛搗蛋，但上了國中進入叛逆期後，我成為家中的「頭痛人物」，從此沒一刻讓媽媽放心。

以前家裡離學校僅僅幾步之遙，每當校內廣播的時候，正在家中忙碌的媽媽，總會暫停手邊工作，因為她會清楚聽到學校廣播聲傳來：「X年X班沈慧蘭，馬上到訓導處來！」

每當聽到我的名字，媽媽總是擔心我又在校內惹事，回家後不免一陣關心，而我總是顧左右而言他，偶爾嬉皮笑臉的開玩笑：「妳生了這麼多個小孩，總有一個比較奇怪，不可能每個人都品學兼優吧！」

在升學主義至上的年代，只要稍有讀書資質的孩子都會被編入升學班，而我雖然也擠進升學班，卻變成班上的異類。

那是有點矛盾的三年，我是校內讓師長頭痛的麻煩學生，但也是參加許多競賽、獲獎無數的小小「八斗之光」，其實我不知道自己算好學生還是壞學生，就連學校內不同單位的老師，對我都有不同的評價。例如常帶我去比賽的老師，會覺得我有天分、值得栽培；但其他教過我的老師，也許覺得我就是個愛鬧事的小太妹。

說實話，我對課業沒有太多興趣，偏愛跟學校唱反調，那三年忙著翻牆翹課、談戀愛、玩社團，讓自己過著風風火火的熱鬧生活。面對叛逆期的孩子，媽媽沒有對我破口大罵，而是選擇當我的朋友，她能理解孩子的叛逆、包容失誤，但她會選在最適當的時機，跟我好好溝通待人接物的道理，可以說，媽媽是靠著溫柔和善意陪伴我度過這段青春期。

雖然平時成績總是吊車尾，但我考試運不錯，國三畢業後也以前幾名的成績考進基隆女中，簡直跌破大家眼鏡。

當時基隆女中成績最好的學生會編入「一班」，再依序是二、三、四……不斷排下去，所以那個年代只要聽班別數字，即可知道本校學生的成績落點。而我的高中生涯一共待過三個班級，分別是「一〇一」、「二〇八」，到了高三成績完全失守，我被編到最後一班「三一一」。

高二時，有一次因故晚歸，過了家中門禁時間才回到家。一踏入家門，迎接我的是爸爸的怒吼，當時我們父女倆都在氣頭上，兩人相互咆哮，難免口不擇言，盛怒之中，爸爸要趕我出門，我不甘示弱的回嗆：

「出去就出去啊！」

那晚我不顧姊姊的勸阻，收拾幾件衣服塞進小皮箱裡，趁著凌晨三點躡手躡腳走下樓。正打算開門時，客廳的魚缸後方突然傳來媽媽的聲音：「妳要走嗎？要不要再想想？」

「妳要走我攔不住妳，但妳要知道，走出這扇門很容易，要回來就不容易了。再說，罵妳的人是爸爸，我可沒罵妳，妳真的要這樣走出去，傷了我的心嗎？」

聽見媽媽的真情流露，我心都軟了，淚水在眼眶裡不斷滾動，那一刻我好猶豫，難道真的要一去不回頭？

「就算爸爸對不起妳，媽媽沒對不起妳。」媽媽躲在魚缸後面，邊哭邊說，原先瘦弱的身影看起來更小了。

那一刻我終於止不住心中的委屈，負氣離家的意念全都被媽媽的淚水融化了，我放下行李上前抱著媽媽，母女哭成一團。後來我才知道，媽媽太了解我，她知道我的個性有多倔，沒有第一時間罵我或勸阻我收拾行李，而是在大家都熟睡後，一個人默默的摸黑躲在客廳好幾個小時，足足等到半夜、我要出門那一刻才現身跟我說話。

其實我心裡明白，青春期的自己曾有許多偏差行為，當下急著想飛，卻還未有一雙夠大夠強壯的羽翼，進退兩難的情況下，總是無意間傷害最親愛的家人。但就在這一次，媽媽的眼淚一直牢牢刻在我心裡，每當我在人生路上險些走岔路，就會想起媽媽的包容與愛，以及那一夜的淚水。我總會在心中想起媽媽，不想她失望、不想她傷心，因為對我而言，媽媽是我的全世界。

直到我自己也成為母親，才發現媽媽為我做的這一切有多不容易，好比面對我的一雙兒女，我就無法具備媽媽的好修養，隨著兩個孩子也進入青春期，我漸漸成為他們眼中愛碎碎唸的虎媽。每當夜深人靜時，我常自問，為什麼媽媽從來不對我碎唸批判？為什麼媽媽從來不曾對我怒吼責罵？我才明白，陪伴孩子長大，需要源源不絕的溫柔與智慧，才能一次次化解衝突、度過難關，而這一點都不容易。

媽媽對我們的溫柔，不是討好或溺愛；她選擇適度放手，更不是放牛吃草、撒手不管，而是以朋友的姿態相伴，讓叛逆的孩子明白，「家」永遠是避風的港灣。

神媽媽的話

有些孩子看似叛逆，其實本性善良，處在青春期的他們，個性一個比一個倔強，但他們還年輕，我們卻已老去，即使當下以威嚴逼孩子服從，他們的心裡一定不服氣，若是硬碰硬，無論如何家長都是衝突中的輸家。

孩子們要學習如何長大，所以我習慣多聽他們說，再慢慢找機會表達自己的看法，意見不同時先退一步，為親子關係留下緩衝區，才能讓孩子願意主動靠近自己。

鑰匙在孩子身上，選擇權在他們自己，我只是從旁觀察協助，引導他們開啟探索不同的門。

找到自己的價值

——神老師

我們家小孩多，在我上面的三個姊姊成績一個比一個優異，每次考試都是全校前幾名；妹妹小蘭雖然叛逆但才華洋溢，總是包辦校內演講、作文、朗讀、歌唱甚至相聲比賽的冠軍；後來又來了一個又帥又乖的弟弟，國中被拉入資優班，大學時更是年紀輕輕就成為電競冠軍，還代表台灣到歐洲比賽……六姊弟之中，我大概是最平庸的一個，成績不算出眾，沒有領過獎學金，也沒有特殊才藝，即使想獎勵都找不到理由。

記得國小三年級時，在校內各方面都表現平平的我，突然被徵詢參加某一項比賽的意願，一問之下才知道，護士阿姨推薦我參加「健康寶寶比賽」。這項比賽不問成績、不看才藝，只要求不常生病、沒有蛀牙，看起來身強體壯、白白胖胖……結果沒想到，從未參加過任何比賽的我，竟然一舉得了優勝，獲得面額一千元的蛋糕禮券！

在三四十年前，一個奶油麵包只要十幾元的年代，一千元的禮券對孩子來說實在是價值連城，那一年生日，媽媽用禮券買了好大的蛋糕，全家人為我唱生日快樂歌、要我許願吹蠟燭，那一刻，我突然覺得原來自己也很重要。

優秀的姊姊和弟弟總是光芒萬丈，埋在他們之中，我常覺得自己渺小到看不見，但媽媽對我們沒有偏頗，從不在手足之間比較或羞辱，她是每個孩子的頭號粉絲，最清楚我們每個人都有自己的想法、一個比一個好強，於是她總是尊重我們的選擇，從來不會希望任何一個孩子「成為別人」。

國中、高中階段，背負著龐大的升學壓力，那六年曾是我最難受的時光。我與三姊、小蘭都念同一所學校，每逢考試或比賽，姊姊或妹妹的名字總是榜上有名，所以在學校裡，常有老師問我：「妳不是沈某某的妹妹嗎？怎麼跟姊姊差這麼多？」

好不容易吊車尾考上基隆女中，我們班的教室緊鄰地下水溝旁，有個不太好聽的別稱叫「墮落街」，每天被老師罵成績差、沒用，罵到麻痺、罵到厭世，覺得自己簡直被學校與社會放棄。即使我現在的職業是老師，但我讀中學的時候曾對學習感到很排斥，當時不懂為什麼要背中國大陸的鐵路？為什麼要學生活中用不到的數學？為什麼要記住看不見也摸不著的化學元素？為什麼每個人都要讀大學？

現在想來，當時應該是我的叛逆期，青春期的心，藏著好多好多的問號，我不接受別人告訴我既有的答案，非得要自己親自嘗試、得到衝擊，才能從中找到努力的意義。

媽媽從未責罵過我的成績，也不會要求我向姊姊看齊，她從來不會說「妳看看妳姊姊，她們成績如何如何」這類的比較，但我看見媽媽跟鄰居聊天談起姊姊們的神情時，我也好希望有一天可以成為媽媽的驕傲。只是當姊姊們接連考上台大、成大，而我卻連大學都得重考，那時的我，簡直找不到自己存在的價值。

大學聯考落榜的那一年，我近乎自暴自棄的拒絕媽媽與姊姊的建議，堅持不重考，想要自己面對人生第一次失敗，我不相信沒有大學學歷，就無法在社會生存下去。

媽媽只有平和的說：「要去工作就去吧！我不會攔著妳，我們再想想能做什麼？」

我想她免不了失望擔心，但比起自己的感受她更在乎我的情緒，她沒有否定或阻止我，而是讓我去找工作，從職場上去領悟讀書的重要。

於是那也算是我認清社會現實的第一年吧！投入職場，才發現想做的工作都有門檻，一個高中畢業生短期內能找到的工作，只能去顧店賣鞋子、賣檳榔，一個月的薪水甚至領不到一萬元，這才發現，媽媽建議我重考，是希望我未來在求職、在學習上擁有更多可能性、有更多選擇。

我很佩服媽媽當年沒有強制把我押去重考班，而是尊重我的想法，容許我在人生路上嘗試與冒險，以時間讓我體悟。於是沒有任何人逼我，在工作三個月後，我選擇報名補習班重考；八個月後，考上花蓮師範學院，從此朝著教育這條路不斷前進。

當我們這些孩子在成長階段面臨低潮、失敗的時刻，媽媽選擇默默陪伴、支持大家的決定。就像她即使再擔心，也從未要求小蘭別去跑賽車，無論賽事結果如何，媽媽都準備紅包祝福女兒平安歸來；她不會斬釘截鐵告訴弟弟打電競沒前途，而是為他的每一場賽事結果喝采；當我因為演講與出書成為箭靶時，媽媽選擇以行動支持我，在我的每一場新書發表會上給予祝福。

媽媽總是讓我們做一切想做的事、接觸所有想學的領域、尊重我們的每一個選擇，所以我們六個小孩，有開公司的，有台大畢業後遠嫁德國的，有念成大歷史卻成為人資主管，有當了老師還去考烘焙證照，還有成為賽車手遠赴保加利亞比賽，最後一個弟弟更是成為電競選手和主播。

仔細想想，這個家庭實在精采，但若沒有媽媽的身教，我們無法在築夢的路上披荊斬棘，她對所有孩子公平的愛與尊重，成為凝聚全家人的力量。直到我也成為三個孩子的媽媽，總是時時刻刻提醒自己，不能用其中一個孩子的表現來要求另外兩個孩子，這才發現要像媽媽一樣做到公平，是多麼不容易的事情。

所以當我家大兒子前幾年喊著要休學時，我儘管內心憂心忡忡，但沒有告訴他不可以，而是從學校把他帶回家，母子坐下來細細討論：「休學後想做什麼？」「你想繼續讀書？工作？還是提早去當兵呢？」「如果還想讀書，我們可以找找什麼學校比較適合你，如果想直接就業，你可以做些什麼？」

又好比我家弟弟愛畫畫，我不叨唸拿畫筆不能當飯吃，而是支持他的興趣，帶他拜師學畫，為他準備所有創作有關的材料，鼓勵他朝美工設計領域發展。當妹妹對烹飪有興趣時，我準備幾百顆蛋，每天陪她從打蛋開始，練習每一個看起來理所當然應該要會的動作。

只要有學習的動力，就算一時半刻看不見成果，也不會讓人生毀於一旦，就算最後愛畫畫的孩子沒有變成畫家，但學習的過程絕非一無所獲，因為能在父母親的支持下，不斷鑽研、努力，這是多麼幸福的一件事呀！

在學習當個母親的過程中，我時常想起媽媽，我想對孩子們的公平，就是把每個孩子看作獨立的個體，對於各自的表現與能力，給予肯定和讚美，最重要的就是，在孩子圓夢的路上，永遠做他們的頭號粉絲。

神媽媽的話

每個孩子都是最好最獨特的禮物，父母盡量不要在孩子之間做比較，讓他們有自己的空間、尋覓喜歡的志向。找出適合領域的過程也許辛苦，但他們會心甘情願求進步，能站穩腳步、生活自在，父母就寬心了。

而每個父母都有自己教育子女的方式，沒有最好只有更好。無論因材施教、忍讓扶持或溫馨陪伴，終究是為了讓孩子們順利長大。面對不可知的未來，誰也沒把握為孩子們將來的職場生活負責，身為母親，只能盡力讓他們的成長過程中無須肩負太多壓力，既然如此，偶爾當孩子的靠山，支援他們的失誤，不也是一種愛的付出嗎？

高年級夢想家

——Vocal

二十年前，在鳳凰花開的時節，五十三歲的媽媽從校長手中接過國中畢業證書。典禮那天，我們六個孩子全部到齊，有人忙著拍照獻花，有人忙著擦眼淚，恭喜媽媽一圓數十年來的夢想。

在媽媽小時候的年代，一般人要讀書都不容易了，更何況是女孩子，因此這只薄薄的畢業證書，媽媽一等就等了四十年。

一九五〇年生的媽媽是家中長女，當大人都下田工作，不過才七、八歲的她，就得一肩扛起照顧弟妹的責任。聽媽媽說，石碇山上總是一片霧濃濃，一般人不愛潮濕多雨，但陰鬱的天色卻總讓她欣喜，因為只有下雨天，才可能是農忙時節裡得來不易的上學日。

媽媽總是在深山的家中遙望對面山頭的校園，難以想像的是，小學一年級時，她得徒步走上一個半小時的山路才能抵達學校，即便是交通發達的今日，汽車也到不了她的老家，總得將車子停在路邊後，鑽進草木叢生的土路，走一段路才能到家門口。

在早年農業社會，台灣人愛用「油麻菜籽」比喻女人的命運，說她們像油麻菜籽隨風飄搖，落到哪裡就長到哪裡，媽媽的童年也不例外。家中長輩覺得女孩子不必念書，會帶小孩、看得懂時間就好了，雖然渴求知識，但媽媽乖巧又順從，每逢農忙時節，她就得留在家幫忙家務而缺課，在她心裡，上學是一件極幸福的事情，也是一個奢侈的夢想。

國小四年級時，有一次媽媽接近中午才到學校，老師對於這學生不斷缺課的狀況早已不能諒解，他以濃濃的鄉音，當著全班的面怒吼：「妳是怎樣？要來就來，不來就不來，妳以為這裡是什麼地方？」

媽媽當時一句話也不敢辯解，委委屈屈的掉下淚來，一旁的同學趕緊跟老師解釋：「老師，因為下雨了，她才有辦法來學校。」

原來前一晚興沖沖收拾好書包課本的媽媽，出門前突然被告知要在家看顧弟妹，但到了早上七點突然飄起雨，雨天不能採茶，媽媽才趕緊背著書包，沿途疾走，在雨中走了一個多小時的山路上學去。

沒想到老師知道媽媽缺課的緣由後，下課後親自幫忙補課，對於老師的熱忱，媽媽很認真也很珍惜，她的成績漸漸往上爬，甚至以第一名畢業。

畢業前，班導師到媽媽家中拜訪三次，極力勸說長輩讓媽媽繼續升學，甚至願意負擔報名考中學的費用，希望這孩子一心學習的火苗不會被埋沒，可是被外婆以需要工作養家為由拒絕了。最後，國小第一名畢業，反而成為媽媽一輩子的遺憾。

初中聯考的那天，媽媽難過到吃不下飯，抱著獎狀與課本躲在房裡哭泣，她不甘心留在山上務農，後來乾脆下山當美髮學徒，以自力更生的決心，到都市裡討生活。

也因此，我從小就能感受到，無法升學的遺憾和念想，始終不曾在媽媽的心裡消失。

我和五姊相差六歲，所以等到我開始為課業煩惱時，姊姊們都出外讀書了，媽媽即使每天為了家計忙得要命，但她還是會抽空陪我寫功課，和我一起溫習國小的課程。我記得當我看到不太懂的習題，我會跟媽媽一起討論，她能為我解惑，或是超有耐性的跟我一起想辦法，雖然有些題目她也不一定知道答案，但是有她陪伴討論，真的讓我感覺很幸福，我至今都還能回想起她在身邊的畫面。

我不曾聽媽媽抱怨失學的無奈，在景況最壞的時候，我們六個孩子的學費讓媽媽頭痛不已，但她即使標會、借錢，也都讓所有孩子無後顧之憂的讀到大學畢業。在畢業典禮上，我們穿著學士服站得直挺挺，因為是媽媽用她的青春讓我們展望人生，擁有更多夢想的選擇。

曾有親戚勸媽媽：「六個小孩的學費加起來不是小數目，女兒長大就嫁人了，幹嘛讀這麼多書？幫別人養媳婦？」但媽媽從來不理這些人說了什麼，她即使借錢都要讓孩子讀書，她總說：「能讀多少就讀多少，知識是一輩子的資產，將來就業和結婚都有底氣。」

排行最末的我大學畢業後，媽媽透露想重返校園的念頭，沒想到爸爸對此相當不諒解，夫妻間產生很大的衝突，爸爸覺得工作都已經這麼累了，還要去讀什麼書？

媽媽順從命運卻又不服從結局，她排除萬難、報名國中夜補校，成為「國一新生」的那天，已經五十歲了。

其實那時家裡還背著幾百萬的貸款，為了不影響家人，媽媽每天早上五點起床整理家務，工作一整天後，再找空檔寫學校功課，五點下班後匆匆煮完晚餐，再趕去學校上課，直到晚上十點才回家。

為了彌補當年的遺憾，媽媽把時間壓縮再壓縮，沒有一刻停下腳步，即使那麼久的時間沒碰過書本，但她依然認真且踏實的讀完國中夜補校，並以第一名成績畢業。

我們以為媽媽心願已了，卻完全沒想到，她根本沒打算停下學習的腳步！她接著報名空中大學，在六十歲時，半工半讀修完一百八十個學分，終於如願穿上一身學士袍，和她的孩子們一樣，成為大學畢業生！

媽媽是活到老學到老的無敵示範，也是全家人最好的榜樣。在二十幾年前網路漸漸普及時，她跟著子女學習使用電腦，甚至將工作方式盡可能電腦化。這幾年，已經超過七十歲的她學著使用社群軟體，甚至開了臉書帳號和我們互動，也拿起智慧型手機，學習拍照、剪影片、用Line跟子女聊天，每每看到她傳神的使用各種貼圖，我總是忍不住大笑起來，與時俱進的媽媽實在太可愛了！

何其有幸，能與媽媽一起隨著時代不斷前進，雖然我曾因為工作四處漂流，但至少我們還有網路，幾年前不在媽媽身邊的時候，很慶幸我們透過一方螢幕，時時感受到彼此的關心，否則我應該沒有勇氣，一次次為了自己更多的可能性走向遠方。

神媽媽的話

在這種e時代，孩子接收新資訊的來源廣闊，個個聰明不易說服，我們對新知的了解往往還跟不上他們的腳步呢！現代父母真辛苦啊（笑）！不過這些都只是階段性的過程，不用太擔心。我會盡量用溫和的態度，接近青春期孩子們的內心世界，多聽、少說，讓他們先願意接受長輩參與，比較容易了解他們的想法，再思考如何引導。

當然也要跟孩子們約法三章，要求課業基本成績要合格，只要好好的說，我想在還需要父母經濟支援階段的孩子們多半能樂於接受。

雖然我偶爾還是會跟孩子開玩笑：「你們幾個都扼殺我的律師夢！」但如今看來，不強求孩子為我實現夢想，才能讓他們循著興趣找到最適合自己的人生方向。

妳一直跑，我就一直加油

——小蘭

無論我們幾歲，媽媽對我們的關心、擔憂是永無止盡的，尤其在我決定拋下教職、認真玩車之時，對媽媽而言想必是非常衝擊的事。

剛開始我都趁夜色和車友一起到深山夜跑，每當跟著一票朋友跑完山路，凌晨開車回到和爸媽一起居住的寧靜社區時，即使我刻意放慢車速，但渾厚低沉的排氣管聲，還是讓鄰居輕易辨識出：「沈先生的女兒回來了！」

在純樸保守的年代，大眾提到賽車，大約會先想到「玩命」、「瘋子」或「夢想家」，對我們這些熱中改車的族群，更不免投以浪費、不良少年、叛逆少女的眼光。因此我能感覺到，媽媽雖然從未反對，卻總是在目送我出門後，開始牽腸掛肚。

為了讓媽媽放心，我們之間有過許多溝通與磨合，直到有一次我靈機一動，跟媽媽說：「其實，我們去比賽的時候，比在路上開車還安全一百倍！」我開始細細介紹身上的車衣、車內的防滾籠、賽車椅和多點式安全帶，媽媽雖然聽得不是很明白，但她非常認真去理解，我知道最後她能接受我的興趣。

媽媽後來說，如果一直限制我，不讓我去接觸賽車的世界，也許我會在路上一直亂開車，或趁夜在山路飆車，這樣看來反而更危險。聽完我鉅細靡遺的介紹安全配備後，她吐了口氣：「妳就去試試看吧！」

賽車的競技除了考驗車手的技術，當下的車況、體能狀態對車手的成績都有很大的影響。即使我對自己的技術相當有自信，但想次次拿到前三名，絕對不是容易的事，然而無論比賽大小，媽媽總會為我們準備獎金。

一開始是我在比賽中拿到前三名的好成績，回到家後媽媽包了一個小紅包給我，紅包袋上有媽媽娟秀的字跡，寫了一些祝福與勉勵的話語；再下一次沒有拿到前三名，媽媽竟然也發了一個「安全獎金」；甚至還有一次不小心在比賽時撞車，垂頭喪氣的回家後，媽媽還是給了一個「修車安慰獎金」。從媽媽手中接過紅包袋，常會覺得好可愛、好貼心，那一刻，所有沮喪與挫折的情緒都一掃而空了！

到後來我就發現，無論賽後有沒有得名，媽媽總會想出各種名目送上裝滿祝福的小紅包，而且連女婿、外孫參加比賽，都會拿到她親手加工的紅包，看著寫在紅包袋上的祝福，總是能感受到媽媽滿滿的愛與期待，提醒自己無論參加什麼賽事，都要平安歸來。

賽車是很有生命力的運動，踩下油門我可以感受到飽滿的力量，不論是高速彎道、低速彎道，都能感受到車體力量的回饋，但我真正著迷的不是速度，而是主宰它的感覺。

只是在拉力賽的賽場，地形與氣候變幻莫測，即便是親密戰友，也偶有失控的時候。二〇一四年我到浙江參加「亞洲拉力錦標賽」時，恰逢雨後，天氣陰沉，不到兩公里的賽道更是處處爛泥，在下坡過彎時，輪胎不慎壓上一塊大石頭，再過了幾個彎道後，我赫然發現煞車失靈了。

當下我們把車往路邊一停，打開引擎蓋檢查，才發現煞車油漏個精光，接下來只剩下手煞車可以勉強使用。

正常選手在這時候會選擇棄賽，可是大老遠來一趟，我真不想放棄。眼看只剩最後六公里，當下心一橫，決定一路用手煞車拉回終點，但一路上都是坡度相當陡的爛泥道路，我開得心裡發毛，心中頓時浮現不好的預感。

下一秒我再拉起手煞車時，輪胎竟然卡在爛泥之中了，手煞車再也拉不住，緊接著一個過彎，車子瞬間失速衝出賽道，撞上路旁的石頭，整台車體騰空飛了出去。

那一霎那，身體感受到強烈的離心力，當下眼睛一閉，準備連人帶車滾落山谷，沒想到奇蹟出現了，懸崖邊上的八根竹子像一雙大手，牢牢的抓住車子的右後輪與左前輪，最後整台車懸空掛在懸崖上，讓我們毫髮無傷。

每次完賽，第一個收到的訊息一定是來自媽媽的簡訊，她都會掌握我的比賽進度，大約算準完賽時間傳訊息給我，問我比完了嗎？有沒有順利呀？有沒有平安呢？

那次賽後，照慣例收到媽媽的簡訊，媽媽說：「別人可能都是看妳的成績，但我只要聽到妳完賽，就覺得心都安了。」我雖然嘴硬回道：「知道啦！」可是大難不死，在感動、慶幸的情緒之外，真的特別有感觸！

我知道即使到現在，媽媽仍會為我們擔憂，但她因為愛，決定支持我的興趣，而媽媽的支持是我最大的動力，也是使自己不斷堅持下去的強心針。

後來，在一次車廠活動中，我決定帶媽媽上賽道跑一圈，那是我第一次載媽媽上賽場。

坐在賽車裡，而媽媽似乎有些緊張，為了緩和她的情緒，我們有一搭沒一搭的閒聊，我問媽媽：「妳會支持我到什麼時候？」

媽媽毫不遲疑的說：「妳一直跑，我就會一直加油！」

其實我心裡明白，比賽裝備再怎麼安全，賽車仍會有一定的風險，但媽媽無條件的支持，讓我更勇敢追求想達成的目標。我常想，媽媽在那樣傳統且壓抑的時代中成長，對我們的選擇卻能保持開放的心，願意理解我們，她在我心中是很特別的女性，能成為林月霞的女兒，真是最幸福的事情。

神媽媽的話

每次送小蘭出門，我對她說的最後一句話，都是：「祝妳順利！」我從來不敢祝她得名。因此只要她回家，無論有沒有得獎，我都會準備一個小紅包，一來希望給她帶來好運氣；二來讓她知道，媽媽等她平安歸來。

看到兒女們不斷接受挑戰、頻頻得到佳績，他們的羽翼更強壯了，才發現不知不覺間，我原本為他們心疼或擔憂的心情也轉換為敬佩與祝福。

當孩子有好表現的時候，適當給他們一些獎勵，並不會寵壞孩子，還能為平時各自忙碌的親子關係，擦出一些喜悅的火花。

三不五時，愛要及時

——Vocal

十三年前某日下班，突然接到媽媽的電話，她平靜的說：「右眼眼睛中風，突然看不到了。」當下聽到「中風」二字，我簡直快嚇死了！握著手機腦海一片空白，一時半刻不知該說些什麼，反而是媽媽要我別擔心，她已經去過醫院了。

掛掉電話後，一陣心酸強烈的襲來，原來不知不覺中，猶如超人般的母親也老了。

接連幾天，我內心總是焦慮，為什麼偏偏是媽媽？為什麼厄運降臨給這麼好的一個人？萬一無法恢復視力該怎麼辦？萬一左眼也中風該怎麼辦？我的腦海裡千頭萬緒，儘管努力穩住自己，但顫抖的語氣裡盡是藏不住的擔心。那陣子媽媽看我老是一臉焦慮，反而回過頭安慰我，一切都會沒事的。

仔細回想，才發現中風雖是意外，其實有跡可循，剛開始媽媽只覺得視力模糊、頭暈，沒想到隔個幾天，早上盥洗時，無意間遮住左眼，突然發現右眼視野竟然一片黑暗，什麼也看不到了！

經過醫師檢查後，確定媽媽的視網膜中央靜脈阻塞，也就是俗稱的「眼中風」。雖然經過治療有機會改善視力，但醫療有其極限，最壞的情況甚至可能幾乎看不見。但媽媽很注重健康，從來沒有三高危機，又怎麼會突然中風呢？醫生評估也許是用眼過度，加上長期累積生活壓力，導致血管堵塞。

其實不難想像，自從貨櫃車遭竊後，媽媽操持著家務與事業，工作壓力造成情緒起落大，還面臨不斷還債、賠錢的日子，長達數十年總是左手進、右手出，每逢月底左支右絀，負債的泥沼很長一段時間好似看不見盡頭。眼睛中風是身體發出的警訊，我們勸媽媽減輕工作量、好好配合醫師，家人們有錢出錢有力出力，陪媽媽一起走過這道關卡，經過兩個月穩定的治療，竟然幸運的找回部分視力，戴上眼鏡後還可以維持正常的生活。

由於當時家中還有尚未清償的負債，媽媽只能用受過傷的眼睛不停歇的工作，直到七十歲才總算決定退休。經過眼睛中風的考驗，我們深知愛有期限，大家更把握每次相聚的機會，甚至輪流規畫家庭旅行，帶著媽媽到處玩，看遍年輕時無暇欣賞的美景。

二〇一六年的冬天，我與姊姊第一次帶著媽媽出國，當北海道的夜空降起靄靄白雪，近七十歲的媽媽竟然情不自禁的高舉雙手，抬起頭看著天空，像個孩子般興奮失聲的喊著：「雪耶！是雪！」我拿起相機錄下那一刻珍貴的瞬間，她快樂起舞的模樣，讓躲在相機後方的我有些鼻酸，但含蓄的個性，讓我只敢在心裡說出那些難以啟齒的肉麻話：「謝謝妳為了家庭犧牲自己，用青春年華成就孩子們的人生。」

這幾年新冠肺炎蔓延全球，我因此從上海暫時回到台灣，改成居家遠端工作，為了避免影響鄰居，我去買了隔音棉，我們母子倆一起動手將房間改造成適合直播的工作室。

一陣時疫改變許多產業的工作型態，讓居家辦公從新鮮成為日常，在貼隔音棉時，我們母子倆有一搭沒一搭的聊著，說起來是幸也是不幸，從未想過在離家二十年後，竟然有機會住回老家，在工作的空檔間，走出房門和媽媽一起話家常。

她會為了順暢使用手機網路，悠閒的蹲坐在家門口的石階上；我們可以互相分享有趣的網路影片，兩人一起笑得合不攏嘴，像是退化成孩童，用相似的視角看這個世界；也可以互相學習攝影技巧，輪流對著鏡頭擺出各種俏皮逗趣的姿勢，自在大笑而不覺得憋扭；偶爾開個小玩笑，媽媽也會幽默的回嘴，她那些具有年代感的用詞真是絕了；遇到我有情緒上的煩擾，她從不隨意評斷或強烈批判，而是細細聆聽後，分享用時間淬鍊的處世智慧，靜待我自己掃去心中陰霾。

「三不五時，愛要及時」，我常想起這句曾在多年前流行的廣告詞，也是我時時刻刻提醒自己的話語。隨著年歲漸長，越來越能體會韶光飛逝的感傷，就像小時候總覺得自己的事情無比重要，直到這個歲數才懂得，原來和家人一起窩在沙發上吃飯聊天，哪怕只是一碗樸實的家常麵，都是滿溢的幸福與美味。

神媽媽的話

我總覺得人生就像階梯一樣，一開始嚮往頂端風景往上爬，但年輕時小心翼翼、太過擔心會失誤跌倒，難免綁手綁腳忽略其他；等走過低點，有了經驗技巧，慢慢鬆開步伐，適當而謹慎的踏上每一階，將登臨高點時再往下看，才發現這一路慢慢爬，更有時間欣賞周邊風景創造回憶。了解自己的路程，寬看世事，更容易滿足。

帶著媽媽看世界

——Vocal

回到台灣後，無論是攝影工作或單純出遊，我常帶著媽媽出門，喜歡記錄她的想法，也替她拍照留念，不知道從何時開始，手機攝影成為媽媽的興趣，她不只幫我拍照，還會和我討論起構圖技巧，有時看著媽媽拍的照片，我竟然覺得她的美感天分更勝一籌！

小時候，媽媽是我們第一個朋友，牽著我手走過人生高低潮，現在我也是中年人了，雖然不能成為媽媽最要好的朋友，但還是能試試，趁她雙腳還能輕盈走路時，帶她看這世界的美景；趁她頭腦還靈光時，勇敢說出那些埋在心裡的肉麻話；趁一切都還來得及時，讓她感受到我們的愛，日常之間被平靜幸福好好環繞。

二〇二三年，媽媽被我帶去歐洲旅行，同時前往德國探望移民海外的二姊。那是一趟又遠又冷的長途旅行，回想一開始，當我提出邀約時，我覺得節儉的她根本不可能答應，但是因為疫情導致太久沒見到女兒，她竟然一口答應了，她笑說：「現在不去，要等到什麼時候去呢？」

得知媽媽要展開人生最長時間的「壯遊」時，全家人的心再度沸騰，無論是機場接送、買行李箱、買衣服、買保險，還有怕我們錢帶得不夠，直接把外幣塞到媽媽懷裡，或在德國每天安排行程、用心打造媽媽在海外第二個家……我們六個孩子爭相付出，一切的動力都是源自對母親的感恩。

近一個月的行程中，她最常說的一句話是：「從沒想過，會親身踏上這些幾十年來在電視新聞裡出現的國家。」

於是我們在土耳其感受東西方文化融合的結晶，在挪威看被雪山環繞的極光女神，到德國探訪超過四年未見的親人，甚至駕車去了法國的風情小鎮、葡萄酒區……。

對一生奉獻給家庭、與債務奮戰的母親來說，她對「玩」根本沒有太多概念，說簡單點，就是不知道怎麼「享受」。於是她看到馴鹿會又驚又笑；見到滿天的海鷗和圓頂清真寺會興奮的搓手；當極光在零下五度的夜空滿天飛舞時，她驚訝到完全失控對天空大喊！她一次又一次的舉起手機，彷彿鏡頭代表她的心，對著全新的世界，單純感受和汲取。

如果只看行為，每個驚呼聲的當下，她簡直像個孩子，我看了心酸但又極度開心，能讓媽媽露出笑容，真是一件好事！我們全家人是那麼希望，有朝一日能讓這樣的好人長樂未央，在勞累犧牲一輩子後，得到她應得的幸福。

那段旅途中，我們多次走在結冰濕滑的路面，為了怕媽媽滑倒，我試著勾起她的手臂，牽著我最熟悉的慈母與朋友，在北歐極地的霜雪中，一小步一小步的走，一點一點的前進。

其實平時我們家人之間少有肢體接觸，別說母子，就連母女也很少牽手、擁抱，我們總是含蓄又害羞的表達情感，也因此，再次勾起媽媽的手時，內心有種說不出的異樣，說真的蠻不習慣的。

不過我發現，不習慣的不只是我，媽媽雖然沒說些什麼，但當走到稍微安全的路段時，她也會輕輕的放開我的手。

因為安全是最要緊的事，那一刻起，我不厭其煩的扶著、勾著或抓著媽媽的手腕前進。寒風中穿著厚外套的媽媽以極小的步伐在冰上移動，看起來是那麼的脆弱，但我所見卻沒有手中一握來得震撼，我牽起媽媽的手，腦中滿滿的是她這一生辛苦操勞的印記。

於是，在零下溫度、海風刺骨的挪威，我與媽媽跨越親子互動的隱形藩籬。和媽媽比肩前行時，我覺得何其有幸，能在四十歲之際，陪著七十歲的媽媽走這一遭，在她還健健康康的時候，將珍貴的時光用在美麗的夢想！

還記得小時候嗎？媽媽總是牢牢牽著我們，陪我們踏出每個步伐，當有天自恃翅膀硬了，我們甩開媽媽的手一個勁的往前跑，自此，媽媽看見的總是孩子的背影。時光一去不回頭，如今我們都長大了，以前她拉著我前進，現在讓我伴她前行，牽著母親的手，看遍世界的每個角落。

神媽媽的話

「家」是港灣，也是孩子賴以成長的堡壘，家庭氣氛的好壞，主宰家人的喜怒哀樂與環境氛圍。父母親的行為是小小孩們社會化的第一課，我不敢說自己是個多好的母親，最慶幸的是孩子們都順利長大了。

天下母親的角色都是如此，只是時空背景差異與個人環境不同，想要的、能做的不一樣而已，能在孩子們心中留下好印象就是最大的寬慰，謝謝你們讓我得到了，此生足矣。

上天給我這麼多好孩子，我真的好幸福！雖然人家看我生六個孩子很辛苦，但我常想，如果有機會選擇，我一定還是會把他們都生下來！

CHAPTER

3

給未來能量：設計自己的人生

要追夢，起步之前天馬行空，
一旦上路，踏出去的每一步都會成為生命中的養分，
慢慢堆疊、慢慢累積，
腳踏實地，在高山與低谷間找到平衡點。
有了野心、有了熱情、有了小小的成就感，
最後就凝聚成一股源源不絕的動力，
自然能帶你找到心之所向，讓此生不虛此行。

如果孩子說，將來想要當網紅……

—— Vocal

這些年來，很多人羨慕我，覺得我美夢成真、把興趣當飯吃；也常有年輕朋友跟我說：「我也想像你一樣變成職業電競選手，後來又可以無縫接軌轉型變成網紅。」每當有人問我要如何做、怎麼樣才能抓住機會，我總是先告訴他們產業的真實面和利弊，因為幻想總是美好的，只有真正清楚自己追的是什麼夢、了解自己想要什麼，才有更大的機會好好體驗和落實。

網紅（或YouTuber／部落客）、電競選手這幾年成為年輕孩子心目中可名利雙收的夢幻職業，但我常碰到許多徬徨的家長來求助，他們難免會報以疑慮的眼光，也特別想知道：「這些工作都在做什麼？打電動、拍影片真的能撐得起孩子的未來嗎？」

就像藝人出道前必須經過辛苦的「練習生」培訓，在闖出知名度之前，網紅或電競工作都有許多不為人知的辛酸，更別說伴隨名利而來的情緒壓力。美國著名 POP 藝術家安迪．沃荷（Andy Warhol）在網路尚未改變世界時，曾這麼說：「在未來，每個人都能成名十五分鐘。」這句昔日的前衛謬想之言，在網紅與素人明星當道的現代，變成多麼理所當然的一句話！拜社群媒體所賜，跨進「網紅」門檻已不那麼困難，困難的是怎麼長久的以此為業，還有：「你想被別人怎麼看待？」

從投身電競產業、做直播、到中年後斜槓拍旅行影片、拍攝影作品、寫故事經營粉絲頁，我是一個抱著實踐和嘗試念頭，並有過實際經驗的人，曾經搭上機運順風車，但更多的是挫敗沉潛。接下來，我想分享這些年來自己的經驗與第一手觀察，以及在志趣探索上的種種試誤或收穫。如果孩子告訴你，他想從事這些大人眼中非典型、不那麼屬於安全牌的「奇怪工作」，該抱持什麼心態、磨練出什麼能力？也許能讓大家做為一點參考。

夢幻工作的另一面：心臟夠強壯嗎？

在我周遭有許多靠著拍YouTube影片吃飯的朋友，我發現，「成名」和「能吃飽」雖然已經特別難，但更難的是：「如何才能紅得長久？被市場看待的角度是什麼？」這非常考驗自媒體工作者的真功夫和運氣，你總不會希望好不容易熬出頭，卻一下子就玩完了吧？

首先，要有很強大的心臟，因為很多人因此心理生病。網路匿名的特性，讓人往往做了一百件好事，卻敵不過一件小小的壞事或失誤，偏偏人們喜歡挖黑暗裡的瘡疤，爭議所帶來的負面流量，往往比正面消息來得更凶更猛，即使因此一炮而紅或有機會洗白，但過程往往更受折磨，而且永遠有一群「黑粉」拿著放大鏡緊緊跟隨，明著攻擊、暗著嘲諷，到最後每天打開信箱與社群時，都必須先深呼吸緩和焦慮情緒……很多人成名前以為他們能承受，結果卻跟他們想的不一樣。

即使如願成名，還有其他意想不到的壓力，例如「長年累月不間斷的要有吸眼球的內容或作品」。我有許多網紅朋友憑著專業知識，各占山頭成為一方意見領袖，他們一舉一動都自帶流量，靠著經營自媒體就養活全家，但他們的共通點就是心理承受了難以想像的巨大壓力，如果經營時間是半年或一年，也許你還能絞盡腦汁維持流量，但如果是更長的時間呢？你能一直產出留住粉絲的作品或內容嗎？如果鐵粉流失，那可能也意味著你不再能夠以此養家活口，當然會有壓力。

再者，同樣是網紅，男性與女性的歷程又常有不同。

以遊戲術語來譬喻，在《英雄聯盟》或《傳說對決》這樣的大型遊戲當中，玩家有一百多個角色可以挑選，有些角色在遊戲剛開局時發展得特別強、技能特別吃香，但到了中後期就容易後繼無力；有些角色則要撐過被其他角色輾壓的初期，直到中後期技能養成後，才能強到主宰局勢。

以電玩遊戲的角度來看網紅生態，我常覺得不少女性網紅就像是上述的「前期角色」，不少男性則偏向「後期角色」（當然，這不是指全部的男女網紅都是這樣，還是有蠻多能打破框架的人，像我兩位姐姐就都是各有各的專長才受人尊敬喜愛，而當然也有少數男性能夠快速爆紅）。

這是一個充滿流量陷阱的時代，我覺得很容易讓年輕貌美的女孩掉進流量迷思。很多女孩成為小網紅後，從幾十讚、幾百讚到上千讚，迅速累積起聲量，名和利來得自然而然，在短時間內獲得粉絲的追捧與衝高流量，然而**成名的速度若過快，容易使人失去充實自己的危機感**——當我每天只要一句土味情話或是抄來的笑話就能擁有數百、數千、數萬讚，誰會有那個動力去檢視自己在市場上真正的定位和實力？太難了，要是我，也很容易就認為自己已經足夠優秀，何必再給自己找麻煩？但這些得來容易的流量，有一天會因為外貌不再吸睛或新鮮感消褪而流失，若是以此為主賣點的女網紅們，便會開始覺得維持流量（生計）非常吃力，必須更費力在打開尺度或是話題上，如果此刻才開始培養能夠長久經營的品牌特色，通常已偏晚了，會特別辛苦。所以我認為這一類的流量優勢對年輕女孩來說是雙面刃，是機運也是陷阱，最好能在狀況不錯時就提早充實自我。

我看過許多女性網紅，最初想展現的是文采、創意與美學，但最終被現實大幅改變。她們曾無奈的告訴我：「每隔一段時間就必須露臉啊，如果有業配文更是一定要露臉，不然文章觸及率一定低很多！」如果太堅守原則，會發現連自己的老粉絲都不太埋單呢！若沒有及早思考轉型，隨著長江後浪推前浪，昔日的女神也會面臨流量下滑，甚至必須下猛藥維持關注，她們一方面焦慮無比，要維持收入，一方面要想盡辦法跳脫這場歲月的陷阱。

至於不少男性網紅，在有如打怪破關的成名之路上，更偏向遊戲的後期角色。他們剛踏入自媒體領域時，要冒出頭比年輕女孩困難多了，無論怎麼努力唱歌、拍片拍照或秀知識，並不容易受到關注，中途不斷有人陣亡消失，但也有人堅持累積能量，直到通過嚴格的市場標準，還必須加上一個爆紅的機運，才有可能在茫茫人海之中創造聲量，進而穩定往上爬。

人氣電競實況主不好當……

我有一位近二十年前的電競好隊友，他多年前成功轉型為電競實況主，固定開台至今已超過十年了，因為具備台灣電競代表選手的背景，對遊戲具有高度理解力與操作實力，加上面對鏡頭的幽默感，觀眾緣很好，即使已經很少參加電競賽事，仍憑藉著過去累積的經驗轉型為電玩網紅。

如果不是從嚴苛的遊戲訓練中培養出理解力，他的遊戲實況精采度會下降很多；如果不是長年累積的電競賽事實力，很難在激烈的遊戲戰場中一邊談笑風生還能一邊力克強敵。特別是身為男性遊戲實況主，要展現幽默感的前提是必須有相當程度的實力，才能以游刃有餘又帶點狂的姿態，打造出吸引粉絲的個人風格，如果你打得不好，只是一直亂開玩笑，那就完全是另一回事了。他的成功不是偶然，而是因為多年的累積和努力，才能順著當時的直播趨勢並一路紅到現在。

那麼，突破重重難關、成為人氣電玩網紅後，從此就幸福快樂了嗎？其實，他們看似「只」靠著打電動、開開玩笑就賺進大把財富，但是一旦興趣成為工作，依然有很多不為人知的辛苦。首先，電競潮流瞬息萬變，觀眾的胃口也越來越大，新遊戲不斷推陳出新，如果長期只專精一種遊戲，觀眾群會漸漸被其他玩新遊戲的實況主稀釋。於是，我看見許多朋友們以實況轉播為主業後，每天都得黏在電腦前，不只被社群綁架大量時間，長期下來有些人肩頸腰椎病痛不斷，而失眠、憂慮流失觀眾的壓力更是家常便飯。

隨著歲月增長，我們已經不是二十歲的小夥子，早就沒那麼想嘗試每一款新遊戲，也許比起打電動，更想把時間留給家人或生活，然而一旦興趣變成工作，當打電動不是「選擇」而是「必須」，看似談笑風生的我們，內心不免藏有許多的不得已。例如某一款小眾主題的遊戲很適合我，但另一款不那麼喜歡的遊戲卻是當紅炸子雞，實況主本人也會焦慮，該順從本心開心的玩遊戲，抑或是與現實妥協，追隨流量、依附觀眾的口味發展下去？當你被迫玩著不喜歡的遊戲，相信我，那已經不叫做「玩」，那是「上班」。

爬坡期，要付出金錢與時間的成本

看到這裡，如果你還沒有打退堂鼓，依然渴望在網紅或遊戲直播市場闖出一條路，那麼我說幾件可以提前列入考慮的事情：

有很大的機率，你會需要一定的經濟基礎，**而且最好不要一開始就全職投入**。是，現在人手一機，雖然大家都可以用手機拍攝就成為網紅，但有些追求拍片品質的攝影或旅遊 YouTuber，經營一段時間後可能會需要買相機、鏡頭、麥克風、空拍機、剪輯軟體等硬體設施；美妝部落客在熬到有人送公關品之前，必須先自掏腰包購入各大品牌當季新品；穿搭部落客必須大量購買衣服培養美感；旅遊部落客遊走各大景點，飯店、機票、美食與各種體驗，無一不是用錢堆出的軍備競賽。

網紅呈現出輕鬆美好的形象，絕大部分只是「結果」，耀眼奪目背後，多的是繁雜辛苦的工作日常。有時在外面拍了一天行程，回到住處用心剪輯、上傳兩三支影片或寫了三四篇文章，收穫的回饋卻遠遠低於付出的心力，甚至根本沒人看得到，其中的挫敗感很少人能長期忍受。所以除了經濟基礎，**網紅最不可或缺的能力就是耐心與耐力**，因為剛起步時，必須花上許多時間和金錢、腦力經營自己，卻往往難以看出成效，而且根本無法預知未來有沒有希望好轉，所以選一個比較符合自己興趣和長處的主題也很重要，因為在漫長且沒有人看到的前期，至少自己還能做得開心。

此外，你最好能夠有一項專業或知識，才能在浩瀚無邊的網路世界，憑著**個人的可信度**吸引觀眾群更久更深。最後，還有一個跟努力同樣關鍵的因素：當你付出以上時間與金錢成本，你的自媒體還得要存活到「**機運**」出現才有機會熬出頭。

你想把最精華的時光用在哪裡？

還在校園的那幾年，不少年輕人正迎來人生最精華、最適合嘗試的階段，會這樣說，倒不是因為此時期的腦力是人生顛峰等生理因素，而是這個年紀對大部分的人來說，可能還不太需要全力工作求生存，要分心的事情相對少一點，也不會那麼計較付出一定要得到什麼，這些因素讓這階段成為幾乎是人生中唯一能為了夢想不顧一切的時期。就像我當時將這段時光投入電競，衝刺到一定程度奠定了基礎，即使後來轉換跑道，要斜槓各種領域，諸如自媒體、攝影、旅遊、寫作，也是以此為底去做延伸，不論想做什麼，若能利用這樣的人生階段好好嘗試、努力投入，學習一件或多件事情，有收穫，總是比浪費光陰來得有利。

每當有孩子跟我說：「我想當網紅！」我會老實與他分享以上的觀察，然而我也會提醒他，人生既然無法回頭，在你知道各種利弊之後，無論決定是什麼，「**做中學**」是很好的原則，即使出發的時候沒有縝密計畫也無妨，只是務必記得保持大膽嘗試、靈活調整、自我升級的思維。

此外，無論想走什麼路、投入什麼美夢，你都需要時時不忘培養一些讓自己更強壯的能力，例如擴充自己的視野、鍛鍊心靈抗壓性。以及別忘了，時時試著感受看看，前方有什麼在等著你，或許，你將會追著夢想走到那裡。

打電動是個好工作嗎？

——Vocal

每個時代都有一些太新的產業或是職業，發展快到多數人沒有機會認識，造成一般人很容易心存排斥（特別是有一定年紀的人），電競產業就是如此。在我打電競的那個年代，整天被人嘲諷，「不就是打電動玩具嗎？」但這二十年來，電競產業產生了巨大的變化，電競選手也成為年輕世代的夢幻職業，昔日「打電動沒前途」的那群死小孩，成為鎂光燈下的焦點，許多年輕選手甚至在心智與年齡尚未成熟時便坐享名利雙收的滋味。

我常和這個年齡層的孩子們接觸，他們有些已經是站在金字塔頂端的職業選手，有些後來成為我的同事，但大多數是對未來懷抱著無限憧憬的少年。我很容易成為「偽哥哥」的角色，在遊戲的戰術指導之餘，同時傾聽包羅萬象的煩惱，特別是自從開了粉絲專頁後，許多懷抱夢想的孩子會傳訊息問我：「如何成為電競選手？」

無數砲灰，造就金字塔頂尖的戰神

無數的心靈雞湯告訴我們「有夢最美」，「嘗試」本身沒錯，但追夢之前，至少得先釐清自己喜歡電競的什麼，那些是真實的嗎？如果不是真心從電競中獲得快樂，光是嚮往明星選手多金帥氣的形象，我發現有大量的孩子會耐不住培訓期的挫折，草草結束夢想，但說真的，早點知道不適合也是好事。

包含我在內的「超早期電競選手」，崛起於產業萌芽的階段，那是幾乎前無古人的草創時期，我們最初都是在沒壓力的情況下打電動，不是為了名次，也不是為了成名，一切的出發點只是「喜歡」與「成就感」。即使到了今日，我觀察多數頂尖選手當初的出發點也只是單純的享受競賽，基於熱情和喜愛而踏上這條路，因為在過程中累積出成就感、知名度，甚至是利益，這些附加禮物會使「夢想」的輪廓更趨立體，自然產生動力，再帶著這些選手不斷前進，挺過沉潛期的痛苦與挫折，最後一舉成名——然而，這樣的成功例子很少！

要認清一個現實：愛玩遊戲和打職業電競比賽，完全是兩回事；喜歡玩電動的人很多，但能在百萬遊戲人口中打到變成選手，簡直是鳳毛麟角！許多懷抱夢想的年輕人只看見頂尖選手名利雙收的風光，殊不知，一將功成萬骨枯，數量眾多的砲灰，才能支撐起金字塔頂端那萬中選一的高手。

第一，每一款遊戲的真正「職業級」選手頂多只有幾十到幾百人（每個遊戲不同）；第二，當上選手，經過一段時間的競爭，長江後浪推前浪，又有一批人不得不知難而退，畢竟冠軍只有一個，能有好待遇的明星選手也極少；第三，每個遊戲壽命有限，過幾年不紅了，選手很快就要再找其他出路。整體來說，這是一種很累人、競爭很殘酷的工作，必須仰賴高度專注力與靈敏度的長期訓練，耗腦力更吃體力，這個業界有個潛規則，他們最喜歡「收」的選手約落在十多歲到二十出頭之間——換言之，職業電競選手也可說是一門吃「青春飯」的行業！

許多玩家剛開始進步飛快，卻缺乏續航力，一旦進入更高級的競賽或在大賽中遭遇挫敗，挫折感不斷累積，既沒有耐心突破瓶頸，也不願忍受痛苦的沉潛階段，最後才發現根本沒那麼喜歡電競，也許自己喜歡的只是「別人的夢想」！

先搞清楚，路怎麼走？

假如有孩子堅定的跟我說，他真的很想嘗試職業電競這條路，甚至於嚮往到把學業丟到一邊，我通常會分析以下的觀察和建議給對方聽，讓孩子在明白產業的實際狀況後，決定要不要全力去挑戰。把「路」給孩子說清楚了，剩下的總得靠他自己來，對吧？

首先，想當一個選手應該要怎麼努力？至少在遊戲裡必須要達到某個等級的排行成績才夠格（例如全伺服器的前幾十名，每個遊戲不一樣）。如果他去嘗試之後，發現連最初的幾步都達不到，那其實孩子自己就會知道，也許這不是適合他的路。說也奇怪，聽我這麼說，許多原本自以為很擅長打電動的孩子選擇回去試試，反而用不了多久就發現要打出超高水準的成績太難了！在嘗試過了、心裡甘願之後，很快醒悟到自己的未來也許不在這裡，事情不再這麼有趣了，開始另尋方向，這也是一種幸運。

但反過來說，如果孩子還真的是萬中選一的那個人，竟然有那個實力，我們又何苦要阻止他呢？我們不是最清楚成功的定義不該只是賺大錢嗎？更何況在這個每幾年就劇變震盪的時代，誰又能輕易的只做好一件事情就一生無虞？以後如果做不好，那就陪伴他、鼓勵他再挑戰其他路啊，我們不也是這樣過來的嗎？難道他照著傳統認可的跑道去跑，就能夠保證安穩順遂嗎？

與其坐等孩子改變，主動了解更有效

認真投入一件想做的事情，其實是很難得的，而且因為投入，還是會學到不少，不管電競世界的表面如何華麗浮誇，本質說穿了也就是**運動精神和團隊合作**，以及**面對挫敗&勝利的心態調整**。

如果能真正體驗嚴格的訓練，一定會看到孩子各方面的成長，比較尷尬的反而是那群沒有真正體驗過、一直以為自己可以，卻始終被限制而沒有機會嘗試的孩子，他們還可能會在心裡偷偷把責任推給家長——你的善意反而變成了他們眼中的古板和惡意。

有時候，孩子會執著，常是因為「視角太少」導致「選擇太少」，只好拚命抓住眼前的那根浮木，如果能夠在合適的時機、易於吸收的方式下讓他們多知道一些不同角度的資訊，事情就多多少少有轉機（只是這個時機、方式，就是大人們所需要苦惱、多方摸索了）。所有道理都是要實際體驗才能真正接受和內化，再說如果因為不了解而強行壓制，當他們發現「搞半天，大人根本不懂這些！」一旦他看穿原來你對新事物的了解程度還不如他時，他更會燃起想要爭取自己未來的叛逆心，這就變成超級反效果了。

我也想跟家長們分享，也許孩子沉迷遊戲、被手機綁架，看起來都是來自網路等外在誘惑，但剝開外皮，看見內核之後，我發現常常先是親子之間信任的問題，其次才是載體的問題，兩者都很重要。而在這之間，是時代的演變不知不覺造成了雙方的資訊差，我始終認為，最難解的局勢，鑰匙還是在自己身上，我們無法期待孩子主動解決。當大人把「壓制者」的角色漸漸轉為「夥伴和協助、陪伴者」，不再對自己不懂的事情驟然下太絕對的定論，少一點焦慮，多一些了解，稍稍認識一下現代孩子所涉入的文化、產業、遊戲，多少能對雙方的溝通互動有所幫助（但也不用苛求自己要像孩子那麼深入，畢竟誰沒有養家壓力呢？）。

無論哪一種夢想都必須從熱情與感性出發，人其實就是隨著人生不同階段學著調整，認清自己，評估要繼續前進還是要轉身換條路，提早累積下一條路所需要的能力。我曾是選手，但我很清楚這個職業不可能做一輩子，所以我在有心理準備的狀態下主動學著走到幕後，先是舉辦賽事和規畫節目，後又成為一名專業的解說員或教練，在我喜愛的產業裡，尋找下一個機會。

每當我收到來自家長或孩子的訊息，我常會在他們身上看見自己過去的身影。我能同理孩子們的夢想，也理解家長的徬徨，在他們身上，常常看見親子之間的衝突與矛盾，也看見推力與拉力下暗藏的家庭危機，於是我想，或許我可以成為兩代人之間的橋樑，幫助更多和我當年一樣有著熱情的孩子與擔心焦慮的家長，更加了解新興產業的種種利弊。

除了選手，還有哪些工作？

其實電競的產業生態裡，除了選手、播報員之外，還有很多的工作類型：像是與戰隊直接相關的教練、領隊、社群小編，或是賽事轉播團隊裡的導播、回放、字幕、美術、影音剪輯、攝影、遊戲視角（OB）、執行助理（要負責接待解說員、來賓、敲通告等）、節目製作人，又或是上游的硬體廠商，比如像是販售或製作電競周邊（耳機、滑鼠、鍵盤等）、電腦產品（顯示卡、主機板、機殼）等等硬體的公司，另外還有遊戲公司裡的賽事單位也會需要相關的人才。

聽起來是不是廣闊多了？以上這些工作包含了各式各樣的技能需求，像是文字、社群經營能力、美術能力、剪輯能力、行銷能力、器材使用、業務能力、企劃執行能力、節目製作等等，所以如果對電競產業的工作有興趣，還是需要培養專長與職能，才能找到適合的位置。但即便是這樣，老實說，電競產業的相關工作職缺還是比較少也比較窄，並沒有想像得容易。我會跟孩子分享，除非你真的對電競很有興趣，不然擁有上述這些技能的人，其實也能在其他行業找到可以一展長才的工作。

職業選手的生活作息大概如何？

職業電競選手一整天的訓練其實非常刻苦，由於大多數比賽都在下午至晚上進行，所以選手的作息也會偏向晚睡晚起。多數選手都要入住戰隊的宿舍，中午左右起床吃飯打卡，然後開始團體訓練或是開檢討會，晚上吃飯休息一小時，接著再練習到接近凌晨，練習完還不能躺上床呢，得再開檢討會才能休息。有的選手還會自行再加練個人的弱項，這麼一來，一天的工時很可能達到十二小時以上！因此選手的肩頸、手腕、腰部常常會有職業病，而且在賽事密集的賽季，每周也許只會休息一天。

選手的待遇好嗎？

電競選手的薪資發展趨勢跟運動員比較相近，如果是需要入住宿舍和訓練的職業隊伍，在選手還沒打出成績之前，薪資多半僅夠溫飽，但也解決了部分吃住的負擔。如果成績好，比賽獎金與成名之後的薪資就會隨著知名度水漲船高；但如果成績沒有起色，很可能快速被淘汰、換上別的選手遞補，所以不難看出，這一行只有各遊戲項目裡稱王的那幾個選手，行情會比一般人好很多，但持平而論，那些戰績普通的選手要好好存錢並不容易。

保有讓人生重開機的機會

——Vocal

每當未來的危機浮現，或前景不明之時，有些人會害怕失敗而裹足不前，我也是如此；但我在關鍵選擇中會逼自己往前，因為「改變的不舒適」有時候是成長的必要之惡，主動選擇總比在更糟的時刻下被逼著做決定來得好。如果老是在同樣的圈子裡打轉，肯定只會得到相同的結果，因此我看到一些改變的機會到來時，明明害怕、排斥得要死，但如果我判斷這對我的未來有利，自己也有興趣試試看，我就會先做再說。

第一章提過，我在三十五歲時決定「裸辭」，前往上海重新開始。當時放棄穩定高薪與多年累積，到人生地不熟的地方重新出發，就是有點任性的想試試，當我帶著目前的專業能力去到上海，生活會成為什麼樣子？如果把我的「台式風格」帶到上海電競圈交流，他們會不會跟我一樣 high，隨著比賽節奏情緒高昂？

於是我準備了幾份 DEMO 帶與作品集前往上海。在朋友牽線下，我接觸幾家在上海發展最好的電競經紀公司，並一家一家談經紀約，也順利獲得對方青睞，看起來，至少可以在上海開始新生活了。

人生重新開機的感覺很奇妙，在上海落腳後，不同的口音、陌生的生活圈、文化差異、用詞、遊戲項目、人際相處，甚至是再怎麼努力也很難掌握的「觀眾緣」，在在帶來相當大的刺激，我像是中年級實習生，再度以充滿好奇的眼光，重新審視自己的人生。

在異地重新出發，就像是破解重重關卡，我以一介新人的姿態加入，但放眼圈內當紅的遊戲項目，都已有資深主播卡位，加上初期還有腔調、語彙與遊戲理解力等三大關卡，因此上台機會寥寥無幾，面對大環境的各種不利，我時常苦思，該如何走出自己的路？

自己的特色，可能是他人眼中的缺點

記得那時候到上海不久，還未適應的我被推上一場規模非常大的國手選拔賽主播台，與一位資深解說員及新人女解說員三人搭檔，當時我幾乎沒有機會解說過這款遊戲，跟他們也毫無默契可言，且仍在克服口音與用字的困擾，但機會就在眼前，怎麼能臨陣退縮呢！我硬著頭皮上場，但果然，網路上有部分觀眾對我的表現不太認同，我也能理解。結束之後，心情不是很好，我走到後台休息，沒想到隔牆聽見一位採訪電競線的記者私下問了同台的女主播：「那個台灣人說得如何？我覺得他的解說怪怪的。」

女主播說：「我覺得他……只能說算是有射擊遊戲的經驗吧！」

她沒明著貶抑我，也沒說我做得不好，但言下之意顯然不是什麼正面的評價。我知道自己當下的狀況的確還沒到位，這世界本來就沒有人需要為你考慮為什麼表現不如預期，大家都是只看結果，所以我也只能繼續加強，回家後自己開了檢討會，一一抓出不足的地方。雖然這場播報結果不甚理想，但我知道自己哪些地方要調整和加強，也並沒有失去信心、過度質疑自己，多年的實務經驗讓我有自信，只要經過一段時間整合，一定可以很不一樣。

到異地重新出發，要學會當雜草，必須肯吃苦、順風長出自己的模樣，還得在逆風中非常頑強。

隨著播報次數增加，我逐漸克服腔調與用語等障礙，把新的靈感融入了我自己的風格。有一次，我到北京出差，去主持一些流量電競明星的見面會，並擔任現場比賽解說。因為已經準備了好一陣子，那天我的狀況進步非常多，站上主播台後，對著滿場觀眾說得暢快淋漓、火力全開，無論是剖析賽況細節，或為選手的優秀表現拉抬氣氛，我透過播報烘托選手的驚人發揮，現場的觀眾顯得非常投入，他們時而大笑、時而激動，賽後我對自己的表現還挺滿意的。

下了台，還沉浸在方才的激昂情緒，這時一位圈內玩家走過來，正當我笑容滿面準備好迎接他的讚美，他卻潑了我一大盆冷水，只見他淡淡的說：「Vocal 呀，你剛解說為什麼故意那麼激動？感覺好奇怪！」

啊？「故意」激動？我可是真的很投入、真心的激動呀！

那一刻我才深刻體會，原來在我的風格還沒被看懂時，優勢也可能瞬間翻轉成劣勢。我打從內心自豪的解說風格，是過去數年來一眾台灣粉絲跟我的共同美好回憶與認同，沒想到只是換了一個地方，竟然會變成旁人眼中「故意」表演的情緒。

耐力、人脈，幫助自己被看見！

即使我壓根覺得死氣沉沉的解說並不適合刺激又有活力的電競比

賽，但當下我只笑了笑不多解釋，我知道，遲早有人會懂得我的優點，只是需要一些時間醞釀，這套風格總有人會喜歡，我有信心找到自己的觀眾。

當時不管是經紀公司或是廠商、觀眾，都有人善意建議我調整成某種風格，但我沒有因為幾個人的評價改變自己的風格；相反的，我想得很清楚，也有自己的審美和專業，而且我是真心喜歡自己的風格，所以我堅持走自己的路，只是我努力學習地方用語，克服口音與尺度，逐漸把在地的生活體驗融入我原本的風格，並讓自己好好與主管與同事相處，在實力之外，也求人和。

後來大約默默的努力了一年半，曾經被說是「很奇怪」的風格，果然如我料想，被越來越多人肯定及喜愛，甚至開始被視為我的特色。如果當初我失去信心，東改西改，我可能反而成了四不像。漸漸的，工作越來越順利，甚至曾一度出現五種遊戲項目同時擺在眼前讓我選擇，我也被邀請作為解說員們的講師與評審。我不再是初來乍到的「雜草」了，而是在新的環境，茁壯成自己的模樣。

你看，即使帶著滿身功夫出發，卻也需要耐性與好的人際關係，才能幫助你在新環境存活到「被看到」、「被發現」；**而好的人脈，能夠讓你的實力不被隱沒，還能將其放大更多倍**，在職場上走得更廣更遠。

人到一個陌生的地方重新來過，卸掉過去累積的名與利，會讓大環境幫助自己看清本質；只有真正遇上困境，才會激發出自己都想像不到的超能力。面對夢想，最終都需要提起勇氣去闖、去驗證，才會真正把經歷全都收進自己的人生裡，變成誰也拿不走的底氣，並在身經百戰後，內化成一種即使挫敗也能淡然，勝利時也不癲狂的平實態度。

我那些半途而廢的經驗

—— Vocal

想環遊世界、想成為網紅、想擁有自己的家、想財富自由……我與許多人一樣，在天真稚嫩的年紀，內心曾有許多好聽的夢想；然而，經過了多年實際嘗試和思考，才會知道有些夢想其實是「別人的夢想」，並不是真的屬於自己。比方說世界那麼大，環遊世界得花上多少時間和力氣，環完真的就幸福一輩子嗎？成為一個很受關注的名人，就沒有副作用嗎？當這些夢想實際落地，經過挫折和執行去打磨，與我們的喜好和特性相結合之後，才會是真的適合我們的道路。

當我們困於現實人生中的壓力與茫然時，看似堅定的夢想往往變得遙不可及，但我認為只要踏出去，再遠的距離，都是每一小步的累積；

再大的夢想，都是從一個端點開始延伸。當你在心中許下願望，即便看似天馬行空，但何妨先收起掛在嘴邊的「不可能」與「做不到」，換個方式問自己：「為什麼不行？」

就像我並非最初就追求成為電競代表選手，更不知道有朝一日會以播報賽事為工作；相反的，我是從許多有興趣的領域裡，一步步從弱點進化自己，讓夢想一步一步變得具體。

其實，大家只是很少聽到我以前半途而廢的故事罷了。

不怕失敗，給自己摸索的機會

大多數人不知道的是，除了電競領域，我還嘗試做過很多有的沒的，可以說，男孩子想要帥的事情我還真做過不少！例如用摩托車去練賽車、學街舞想去比賽，甚至簽了唱片約訓練了一年、差點踏入演藝圈當歌手！但是這些看似白費功夫的嘗試，最後竟然都積累塑造成為如今的自己。

還是個大學生時，看著大我六歲的姊姊沈慧蘭成為賽車手，巧的是，我竟也愛上了賽車，夢想當個業餘車手。因此大學期間，我除了電競選手的訓練，也常與車友騎著摩托車到處跑，那年淡水的深冬，我每天在寒風中早起，去一些封閉的道路練習摩托車技術，一年內摔了不下幾十次，但最後摩托車比賽與電競賽事恰好撞期，在二選一的壓力下，我選擇留在電競圈。

在「無名小站」流行的年代，我買了第一台單眼，成為很早期的穿搭部落客。當時每天吸收流行資訊、練習穿搭、拍照、寫文章，為了使部落格效果更好，我除了對鏡子訓練自己拍照的儀態，同時鑽研攝影技巧。後來接連數年，我在「台大批踢踢實業坊」的搭配版分享穿搭心得，大家的回應竟然出乎意料的好！我得到許多人的支持，也與不少服裝品牌合作，有時候會收到贊助商熱騰騰的新品或是去參觀品牌的走秀。但是看似有機會成為穿搭網紅時，我卻因為換工作分身乏術，只得放棄經營部落格，又回到電競產業。

後來，當美式嘻哈文化流行全台時，我也曾夢想成為一名專業舞者，站上舉世聞名的 Battle of the Year（BOTY）舞台。

記得是二〇〇四年，法國電競世界盃賽之後開始萌芽的夢想。

那是我第一次出國，賽事結束後，主辦方為世界各國的明星選手舉辦交流派對，沒見過世面的我，看見西方人沉醉在熱情的舞曲旋律，眾人自在的隨著音樂律動，就算不會跳舞，他們也很能享受，相較之下，呆站在一旁的我動都不敢動，雖然想融入，卻彷彿不是那個世界的一份子。

回國後幾年，我對嘻哈與街舞越來越有興趣，在電競選手的生活告一段落之後，跟著朋友一起去舞蹈工作室上課。隨著充滿節奏感的舞曲自在舞動肢體，總是讓我很快樂，這漸漸改變了我的肢體不自信，我再也不是一個無法用身體去享受音樂的人了。練到後來，我開始萌生去參加街舞大賽的念頭，但萬萬沒想到，密集練了一年多的舞，卻在一場練習中意外受傷，在醫生警告之下我只好乖乖放棄，這也讓我學到了人生並不是只要努力就能夠掌握發展。

大學畢業後，我還被唱片製作公司相中，成為旗下「練習生」，那是個願意栽培新人的年代，就憑著一紙合約，唱片公司安排我在錄音室與老師一對一培訓了一整年，並規畫和另一位成員以雙人男子團體出道。未料出片前，剛好遇上網路 MP3 盜版猖獗，唱片市場大幅萎縮，我們苦等許久始終等不到發片機會，最後只能黯然收場。

做中學、學中做，讓自己變強壯

一段又一段嘗試的過程，在旁人眼中簡直像是浪費生命，但對我而言，其實都是得償所願。我本來就喜歡唱歌，卻一直不得其門而入，如今竟然出現金主，願意讓我有一整年的時間和專業老師學習，並學會終身受用的歌唱技巧，即使沒有如願走入演藝圈，但這段時間的練功，使我對聲音的運用收放自如，並對日後的播報生涯起了無窮妙用，我才發現，當年看似徒勞無功的努力，原來點點滴滴都回饋到自身。

從小到大，我總是對喜歡的事物特別執著，每個階段每個目標，都有我深度投入的痕跡，如今看來，會發現人生中的每段經歷都有意義。

年少時的我沒有如願成為摩托車手，卻因為重機在內心種下旅行與熱愛大自然的種子，即便後來我因為工作無法縱情遨遊四海，但到了適合的時機，昔日埋下的種子會在心中萌芽，四十歲的我，已經有能力實踐年輕時的夢想，甚至帶著媽媽一起走向遠方。

我沒有成為專業舞者，但面對鏡頭時，我知道如何透過肢體語言，舉手投足間傳達出自信與氣質，讓我的每一場播報與日常的表達看起來更有說服力。

學習穿搭與造型的經歷，也在工作上成為我的一大優勢，無論以主播的身分為賽事拍代言照，或協助選手挑選聯賽制服，我以美感改善外界對於電競選手都是宅男的刻板印象。昔日為了寫部落格開始接觸單眼相機，一路拍到現在，攝影更成為我的第二專長，結合旅遊與文字，讓我的路走得更寬更廣。

回頭看這些經歷，當時的各種「花心」與任性，其實也就是順著內心的聲音去嘗試，在那個還不會計較付出一定要有金錢回饋與功成名就的稚嫩人生階段，看起來很沒意義的投入，其實仍帶回了各式各樣的經歷與好處，甚至對我後來的事業與人生都有不小的幫助。所以，當年輕孩子有一些看起來很無厘頭的興趣，何妨耐著性子多讓他們發展一會？

斜槓的起點，借力使力

——Vocal

我人生中的很多嘗試能夠發展到成為一種能力，都不是來自充分的長遠規畫，反而源自於很簡單的心態，那就是「做中學、學中做」，以及「問自己內心到底喜歡什麼」的態度。把看似遙遠的夢想切割成許多小小的目標，邊走邊問：「在這個階段，還需要哪些核心能力？」然後就去學或是去搞清楚，整天光是想、嚇自己，那就什麼事情都不可能開始了。

當然，也不能光是喜歡什麼就盲目去做什麼，這與現實還是要取得平衡的。每個人的條件各有不同，有人幸運笑到最後，也有些人中途離席，但無論如何，我認為即使夢想成為一場空，但提早知道自己不適合，其實也不算壞事。

例如我的另一個興趣——攝影就是典型例子。當初按下快門時，只是想記錄旅行時的回憶，拍的內容好不好根本顧不了，能拍到才最重要啊！沒想到玩著玩著，慢慢從平面攝影、動態影像，從運動相機再到空拍機，當我一頭栽入感興趣的領域時，也自然而然的一點一滴累積能力。

現代人免不了滑手機看影片，身處前衛的電競產業，我的工作本來就要面對鏡頭，加上私下與朋友相處時比較搞笑，開始有些人起鬨，「Vocal 你怎麼不拍片？」「你拍的話一定比某某人好笑啊！」「你看那個誰，用手機拍一拍就成為網紅了！」

大家這樣說著說著，還真有點「撩」到我，讓我也想嘗試做看看影片的自媒體，但我終究不是昔日那個沒有壓力、可以全心追夢的大學生了，對於一個忙碌的上班族來說，即使我熱愛自己的職業，工作還是會耗去不少精力。現實生活的種種難處，使人不容易做出改變，尤其，它還可能是一件「花錢費力又不賺錢」的事情。

直到去了上海又常常到各地出差，驟變的生活圈為日常創造出新鮮感，我開始想認真實行之前拍影片的念頭，於是第一步先試著找剪輯師，而其實我當時連第一部影片都還沒開拍，只不過就像前面提過的，我想先做了再說！

第一次在旅遊景點自言自語

起初我想得很美，規畫了幾種想拍的影片類型，分別是「人性」、「貓咪」與「電競」，我評估這三者與我的職場、生活與人生歷練息息相關，場景又只在家裡，會比較好拍，這樣才能長期產出；最後一種才是偶爾拍來點綴用的「旅行」主題，畢竟哪有可能一天到晚出去旅遊拍片。

頻道規畫有了雛型後，隔不久迎接我的是去四川成都的出差行程。

在工作告一段落之後，我順道來個小旅行，我跑去樂山大佛，過程中試著逼自己拿起手機拍攝，並在遊客稍微少一點的角落，對著螢幕中自己僵硬的面孔自言自語。

那是一段極其尷尬的經驗，與上台播報時談笑風生截然不同，我在介紹每個景點時不斷吃螺絲、腦中一片空白、眼神充滿遲疑，真的超不習慣用這種方式介紹自己的所見所聞，但我逼自己一定要試著執行到最後，終於完成第一部旅遊影片。

以現在的角度來看，第一部影片無論是拍攝手法或美感、豐富度，簡直可用慘不忍睹來形容，但是我萬萬沒想到，後來被我堅持下來的、創作最多的、最喜歡的，卻是我一開始覺得最不可能、最辛苦、最花錢的旅行片！後來我回頭想了一下，這樣的演變竟也跟自己個性上的弱點：不想賠本的「小氣」心理有關。此後旅行影片的比例越來越高、逐漸成為我的頻道主力，也成為許多電競圈以外的網友認識我的管道。

把個性的弱點轉換成動力

即使拍攝旅行片時的蹲點要忍受風吹日曬、雨打蟲咬，有時更是得抱病工作，每一個漂亮的畫面背後藏有許多不為人知的辛苦，但我心裡常常會冒出這種想法：「不管是旅遊還是出差，都大老遠跑一趟了，錢都花了、人都到了，以後也不知道還有沒有機會再來，不把美景、美照記錄下來多虧本呀！」

其實只要一台小小的手機或輕便的運動相機也能拍攝，但演變到後來為了追求美，為了讓畫面品質更好，我身上背的器材與裝備越來越多，一趟旅程同時要以照片與影片記錄，偶爾還飛個空拍機。再後來，當我一次次帶著滿身疲累返家，看著記憶卡裡滿到爆炸的素材，回想起為了拍攝畫面上山下海的辛苦，又忍不住想：「不剪成影片多浪費呀！太虧了！」

所以即便有時候想偷懶，但內心那股不甘賠本、害怕損失的想法又會冒出來，適時驅走惰性，使我甘願回到電腦桌前，開始找資料、查歷史、寫文案、配音、修圖、宣傳、與人溝通封面設計，並和剪輯師一起把影音片段做成影片，往往忙得沒日沒夜，直到影片真正上架後，才覺得總算完整了自己的美好，把當地的美景與文化完美帶給大家與自己。每當我點開自己的影片，常百味雜陳——原來我可以利用個性裡比較沒那麼「正面」的部分反過來創造好事，誰會知道我的初衷只是「想好好利用每一分旅遊的開銷和當時的辛苦、不浪費跑一趟」呢！直到現在，我都覺得每一回旅行好值得，因為每一筆旅費都沒有白花，一兼兩顧！

美好夾雜著不好，幸福伴隨著雜音，圓滿與遺憾共存，這才是人生。在興趣愛好之外，理解自己的弱點，並要將個性上的缺陷化作動力，才是讓人真正甘願投入、付出，且樂此不疲的長期選項！

屬於我的心流：在可可西里無人區的體悟

——Vocal

在所有的旅行中，我印象最深刻的是青藏高原的可可西里無人區，海拔五千多公尺，是世界第三大無人區，也是號稱除了北極、南極以外的「第三極」。

由於氣候嚴峻、空氣稀薄，人類無法長期居住，在無人區內遍佈荒原、內陸湖泊、濕地、草原、沙漠等豐富且原始的地貌，少了人為干預，這裡一直是野生動物難得的樂土。可可西里無人區是（人類）生命的禁區，也是（動物）生命的天堂，自古以來吸引許多探險者，想掀開美麗又危險的神秘面紗。而我有幸在一次機會中，與當地嚮導一同開車，沿著可可西里邊緣的道路，感受杳無人煙的震撼。

我時間有限又是第一次來，只能走馬看花，沿著外圍在無人區的邊界來一趟淺嚐即止的體驗。然而僅僅如此，放眼望去已是壯闊無邊的景觀，看著廣袤的天地彷彿可收納人間所有煩惱，而腳下所踏出去的每一步，都可能是人類有史以來在那塊地上的第一步！

當我為美景讚嘆不已時，同時卻深受高山症加上突然爆發的急性腸胃炎所苦，稀薄的空氣令我每幾十秒頭就要劇痛一次，急性腸胃炎更讓我冷汗直冒，一開始還好，但後來只能抱著肚子勉強支撐。但一路好不容易到了可可西里，而且離最近的城市格爾木也要一百多公里、兩個多小時車程，一旦立刻回頭也會影響到同車的好朋友們，委實進退兩難，於是我撐著身體，幾乎以緩步拖行的方式，扛起相機努力記錄眼前風光，除了不放過沿路看到的所有美景之外，還把崑崙大峽谷都拍完才走。

蒼茫天地下，心靈無比豐富

記得當時透過望遠的長焦鏡頭，在猶如火星地表的荒原上，遠遠看見一隻針尖大的野犛牛矗立在高聳雄峻的山峰之下，我興奮極了，當下彷佛有了神力，顧不得病痛，一肩扛起十公斤的攝影包，自己下車，捧著肚子用最慢的速度直直走了幾百公尺，沿途有土撥鼠好奇的從地洞中探頭看著我，最後終於到達了相機能拍到的適當距離拍下了牠。

站在蒼茫大地中，人類渺小得就像螻蟻，當我看到野生動物成為大地的主宰時，很難形容那種奇妙的生命力。慢慢靠近野犛牛的過程中，沿途看不見大地的盡頭，半晌也看不到其他人與車，耳畔只聽得見呼嘯的風聲，眼前只有伏流的雲、折射的光影，與猶如潑墨畫的山體線條，大地的色彩層層疊疊的交錯著，一切魔幻得難以置信。

在無人區裡，時間的流動感都消失了，我咬牙忍著劇痛，一手抱著肚子、一手按下快門，既然短時間內回不去城市，那該收下的美景我一點也不想浪費！直到完成了當天所有的預定行程，我們才驅車回到距離兩百公里的城市格爾木掛急診，吃了對症的藥很快就好起來了。

轉眼數年過去，仍時常回想起這趟酸甜苦辣盡收心底的旅程，是什麼讓我們願意忍受肩膀痠痛，扛著又大又重的機器踏上一段又一段的旅程？為了什麼，讓我們願意一個人「釘」在原地，忍受只見星光不見地的孤寂？又為了什麼，讓我們甘願在刺骨寒風中搓著凍僵的手，等待穿破雲層的第一道晨曦？

答案沒有別的，正是那種創造美好、記下回憶的滿足感和探索體驗啊！

於是我去了北京、黑龍江哈爾濱、吉林延邊、山東青島、福建泉州、廈門、杭州、南京、武漢、蘇州、青海、甘肅、湖南長沙、株洲、海南海口、成都、重慶、澳門、香港、西安、日本、瑞士、法國、義大利、新加坡、德國、波蘭、馬來西亞、北極圈、土耳其、台灣環島一個月……一次又一次克服沙發與家鄉的誘惑，在寒風與溽暑中為著種種有難度的美好出發。

於是我走在有「世界第三極」之稱的青藏高原，站在晚上零下七度的萬里長城，漫步於大雪紛飛的雪山之村，探訪六百多年前的明清帝王陵寢；還踏上唐僧取經的古道、走進千年壁畫的石窟、造訪江南水鄉的河道古鎮、親臨秦始皇的地下王國；後來更與母親漫步於阿爾卑斯山之下、走上君士坦丁堡的七座丘陵、見證米蘭大教堂的雄偉、對著夜空中的極光女神失聲狂吼⋯⋯。

每一趟旅程有太多太多值得記錄、可以說嘴一輩子的事蹟，記憶裡無價的畫面都在快門按下的那瞬間，化為視覺上的永恆，我可以跟任何人談起彼時種種快樂，而且在精神上，我知道自己完成了想完成的事情，那是一種滿足且肯定的力量，讓人心境非常平靜。

從完成小嘗試，進階到實踐家

隨著行腳足跡漸漸增加，我從最初的瞎拍漸漸拍出心得，開始懂得活用各種影音器材，每一段影像、每一張照片，除了身體上的疲累，我從中收穫更多的是心靈上的趣味，讓人樂此不疲，甚至因此有所成長。

從二〇一八年三月，直到二〇二一年底這段將近四年的時間，「拍影片」成為我生活中最有成就感的一件事，雖然投入的金錢與收穫的成果遠不成比例，但我不知不覺間，完成行腳天下與記錄美好的兩大夢想。

我的頻道停止更新近兩年了，可是這些影片至今仍在網路上發酵著，這幾年有很多網友的回饋讓我超級感動，他們明明跟我沒有利害關係，無須吹捧我，但總是願意留下一大段發自內心的感想鼓勵我、感謝我，這讓我覺得分享好事真的是太開心了！有些外國遊客被我的影片感動，決定跟隨我的畫面探索更多台灣之美；還有些海外的遊子來信，他們說，謝謝我的鏡頭，讓他們再次想起在家鄉的一切美好；而有些人甚至會跟著我的行程去同樣的地方，然後再回過頭來跟我分享心得。

每當翻看網友的訊息，內心都會盈滿幸福感，昔日旅途中隨著時間遺忘的美好，彷彿再度重現眼前，這也讓我知道當年的麻煩與堅持都沒有白白浪費，也如實為自己的生命留下記錄。

我們心中之所以會有大大小小的夢想，正是因為我們想像中的美好生活，與所熟悉的日常截然不同呀！所以不妨跳脫一成不變的生活，從日常為自己挪出少許時間，設定一些小小的、新的任務，想記錄回憶，先拿起手機或相機拍點東西吧；想成為作家，試著下筆說說腦中想法吧；想多看看世界，先離開沙發走出家門再說。

當你接觸新事物，就為自己踏出改變的第一步了！

心理抵抗力的重要性

——Vocal

別人對我們想要的生活與選擇，總會有各種意見和看法，有時候我們確實需要相當程度的妥協和參考，但各式各樣的說法，到底哪一種對？雖然這沒有絕對的答案，但對自己來說，最重要的、最關鍵的就是鍛鍊好自己的「抵抗力」。就像嬰幼兒成長過程中，透過一次次感冒，讓身體培養出足以對抗病毒細菌的能力，然而不只生理上要有抵抗力，心靈上也需要抵抗力，透過感傷、挫折、嘲笑、失落、背叛、謊言等各種負面情緒的經歷，慢慢建立起無堅不摧的心靈堡壘。

事實上，人間無處不是惡意，而且這些人生中的不如意，不會等到你擁有心靈抵抗力時才來臨，它總是說來就來，正因如此，每當遇上負面與痛苦，總是特別難受。但痛苦是人生的必經之路，也是圓夢路上難以閃避的陷阱，隨著連滾帶爬的次數多了，我們也會從創傷中一次次復原，漸漸鍛鍊出更強大的自己。

國中時的我身材特別瘦小，和同學站在一起明顯比大家矮一個頭，甚至連女同學都長得比我高，整個人弱不禁風，看上去顯得特別稚嫩。在心思特別敏感纖細的青春期，每當面對長得高、成績好的同學，內心總會有點自卑，沒自信又加上怕生，我的朋友並不多，打電動成了我最喜愛的避風港。

當時我的朋友不多，但有一個特別要好的同學，他不愛念書、沉默寡言，看上去有股世故的早熟，眉宇間隱隱帶著不好欺負的感覺。但跟他聊天時，我不會被吐槽或被評斷高低，他穩重成熟的個性，使我漸漸對他推心置腹，在被升學壓力淹沒的環境裡，好像找到夥伴，可以一起打怪破關。

很自然的，他成為我在班上最要好的朋友，我們常一起玩、瞎聊，下課也會一起去福利社，在那段考試壓力超大的時期，我終於有了一個交心的同學，如果難得月考考完後功課較少，我會邀他到我家，一起玩電視遊樂器，他是我唯一信任的好兄弟。

無法為自己辯護的委屈

在那個為了聯考戰鬥的年代，老師是會打人的，雖然已經到了比較少見到耳光和飛踢的時代，但還是有非常豐富的武器，舉凡藤條、椅子上的木板、熱熔膠、擀麵棍、竹子、掃把等等，只要打了會痛，全都可以派上用場。

我讀的是山裡學校的重點班，每天要考七八科，除了數學，只要沒有九十分，少一分打一下。我那時候比較乖，成績向來維持在中上，挨打的頻率不高，若表現得好，甚至可以維持幾天不被揍，但班上成績落後的同學就很慘，課堂上打不完，下課還要自己去老師辦公室「領打」幾乎是家常便飯。

有一次月考結束後，老師在台上發考卷，同時公布成績，我的成績持續維持中上，逃過挨打的命運，但我那不愛讀書的好兄弟可就沒那麼幸運了。

老師喊了我的名字，面無表情的將考卷遞給我，沒想到領完考卷後，接下來發生的事情，卻成為我當年難以忘懷的委屈和憤恨。

她在我走回位子時對全班同學說：「有些人啊，就是心機重，自己成績好，然後找人家去自己家裡打電動，假裝自己沒有念書，害人家成績進步不了。」

全班鴉雀無聲，接過考卷剛坐回位置上的我，一時反應不過來，真的傻住了，是在說我嗎？我一直敬畏的老師竟然當眾扭曲了我的行為嗎？我根本沒有那樣想過啊！他是我最好的朋友，我是因為想跟他一起打電動才邀請他的，我們玩得那麼開心，在如此龐大的課業壓力下，可能好幾周才有機會享受一次自由的空氣，怎麼成為大人口中那般噁心的事情？

我頭低低的坐在位子上，完全不敢和同學對上眼，即便當下在內心吶喊無數次，但我一句話也說不出口，四面八方的眼神猶如萬箭穿心，當下憤怒、委屈、悲傷、羞愧的情緒一股腦湧上，我卻不知該如何應對，腦中只剩一片空白，最後叫醒我的是濕潤的眼眶。

我一句話都說不出口，什麼都沒辦法做，只能繼續上課。

接下來的日子依舊是考試再考試、背書再背書、被打再被打，但我從此不再邀請那位同學到家中作客，深怕被誤會我是個心機重的自私鬼。唯一的好兄弟也因尷尬而變得生疏，隨著時間過去，我們各自擁有新的交友圈，沒把話說清，便帶著遺憾迎向青澀年華的尾巴，一去不回。

幫自己找情緒出口，鍛造強韌的心

隨著年歲漸長，再回想這段往事早已釋然，老師也是人，也會有誤判的時候，而我當時才不到十五歲，沒能力捍衛自己也是正常的，因為那本來就不是青少年能面對的惡意。如今我已步入中年，歷經現實社會的千錘百鍊，我的心靈抵抗力越來越強大，幾乎什麼困難都不會令我太過害怕了；而我慶幸年少時的自己沒有被生命中的負能量改變性格太多，反而帶來更強韌的身心，很多人並沒有這麼幸運。我總覺得，遭遇不致命的輕度或中度挫折，早一點總比晚一點好，因為晚一點要賠上的可能是整個家庭。而面對各種創傷，痛恨、原諒、接受與感謝……各種反應都是不同選擇，沒有對錯也無貴賤，我認為也沒必要一定要迎合道德觀去原諒有惡意的人，我們能做的常常只是冷靜以對、是非分明、敢愛敢恨，最重要的是相信自己會恢復，不要過度的傷害自己。

偶爾一時半刻無法抽離負面情緒時，我會選擇透過書寫、旅行、找到對的人聊天，或甚至只是單純看點幽默、有愛的事物，讓大腦重新感受溫度，才有辦法緩過來，有些餘裕掌握身心。最重要的是，當你的心靈擁有足夠的抵抗力時，即便狀況再棘手，你都能在危機中保持信念，相信自己將從創傷中逐漸復原，而每一次的難關，都將塑造出更強壯的自己。

尼采說：「凡是不能使你致命的，都將使你變得更強壯。」因為自痛苦中提煉的力量超脫且不凡，有時是藝術家創作的催化劑，有時則是圓夢路上的動力，讓你長大、使你茁壯，也逼著你勇敢成長，而且想避也避不了，所以一旦陷入困境，停滯休養可以，但不要沉溺太久也不要輕言放棄，走過半生後，你會發現原來某些挫敗，正巧就是生命中難得的升級時機。

擴大你的世界邊境：閱讀與書寫

——Vocal

自從開始透過臉書分享生活，寫文章成為日常離不開的習慣，從剛開始只為了搭配圖片寫下一兩句話，到逐漸將內心的思路形諸文字，我所寫下的文章主題從電競、旅遊、職場到人性，沒有什麼限制，雖然稱不上什麼「文采」，但這幾年倒也吸引不少網友問我：如何培養寫作的靈感？

和那些令我驚嘆不已的作家相比，我其實寫的大多是親身經歷而已，論技巧、詞彙、知識量甚至格局創意，和真正的筆耕人才相比還有一大段距離。

看著網友私訊，我不禁回想，是什麼時候開始培養閱讀與書寫的習慣呢？

回想小時候，大人總說「書中自有黃金屋」，我原本也不信這一套，直到自己真的因為閱讀而拓展人生視野，才發現原來不只書寫，人格養成甚至個人魅力，閱讀的幫助確實不小。

我在家中排行最末，閱讀的起點不是繪本，而是姊姊們買的《水滸傳》、《三國演義》。在小學一、二年級識字無多的年紀，我抱著文言文的章回小說，一字字猜文意，其中最讓我著迷的是《三國演義》，看不懂就用猜的，自行腦補也看懂七八成的故事，每當看到「**趙雲血戰長坂坡，七進七出救阿斗**」，那種俠氣噴發的氛圍，大大的影響了我的童年，我還為此製作了厚紙板的三國武器去跟社區小孩大戰。

《三國演義》啟蒙我的價值觀，也對如何精采的去描敘一件事情起了興趣；到了國中，面對龐大的課業壓力，我透過圖書館的小說逃離現實，無論是倪匡的科幻小說、《怪盜亞森羅蘋》與《名偵探福爾摩斯》，想像力帶我在無邊際的世界裡遨遊，也讓我發覺，人未必只能走上傳統老路，也許人生有更多其他可能。

即使大學時的我已成為電競冠軍，但面對更大的舞台，畢竟不可能次次在國際賽事奪得佳績。每當陷入難以突破的低潮，我會用我超愛的武俠小說來安慰自己，像是金庸筆下的楊過、令狐沖、郭靖，即使有時候輸得很難看，也要躲起來將自己最擅長的能力練到最高級，不須把一時的失意看得太重；還有，即使是看似簡單枯燥的基本招式，如果能夠磨到根基夠深，就有機會成為大招。

而影響我最深的一本書，則是當兵時讀到行銷大師賽斯·高汀（Seth Godin）的《夠關鍵，公司就不能沒有你》。

書中指出，每個人都有專屬於自己的優點，只要能把自己的核心能力強化到極限，並將熱情與創意帶到工作之中，就會因為這項獨特能力開拓出話語權，成為該領域不可或缺的關鍵人物。哈！這不是跟前面金庸筆下的人物有點像嗎？總之，就是要有一招別人很難取代的大招嘛！

在人生迷惘的而立之年，感謝這本書堅定了我原本的想法，助我後來專注朝著電競領域深度發展，並懷抱熱情與創意，讓我成為這個領域的專家。

從隨手記錄小小的靈感開始練習

網路時代的資訊量浩瀚無比，如果是廣義的閱讀，滑滑手機就可以輕鬆瀏覽大量文章；但若還有時間，我會更建議看一本感興趣的書，書本會比網路文章更有系統性，讓閱讀者無意間能吸收得更多更深；再不然就去看一場好電影，經典之所以成為經典，自然有其道理，以兩個小時的時間體驗別人截然不同的人生，趣味又有益。

以往走過的路，都成為人生的底蘊，寫作亦然，不難發現我筆下的故事，其實都是我的人生、我的生活。

走到這個年紀，我得承認不要太考驗自己的記憶力，當一個人經歷得越多，也越容易忽略生活中一些微小的感動的瞬間，也容易忘記至情至性才會擁有的敏銳與感性。於是近幾年，我開始有意識的將自己的所思所感形諸文字，一開始只是在靈感來臨時，打開手機記事本隨意記錄幾句類似語錄的文字，等到夜深人靜時，整理自己的思緒再將短句擴寫成文章。

而也是當我開始在臉書上寫一些長文時，我才發現在這個年代，還有許多人保持著閱讀習慣，我的文字漸漸能夠提供其他人不同的觀點，甚至以文會友，和許多志同道合的人交流心情，「文字力」無遠弗屆，點點滴滴的成就感於是又成為我更努力書寫的動力。

一篇兩篇、一年兩年，我漸漸應證了曾經的想法，當寫下一篇文章時，字裡行間所傳達的，其實就是自第一聲啼哭以來所累積至今的你。

無論是學過的知識、腦海中的詞彙、想像力擴充的維度、以同理心看待的世間萬物，甚至你所受的傷、曾獲得的嘉勉，價值觀、自卑的點、生活態度與個性的輪廓……全部毫無保留的被我放在一篇篇的文章裡了！

所以我覺得一篇好文章，也未必需要高超的文字技巧，有時候幫助到別人的、與大家有共鳴的，可能只是真實又易懂的一段心聲。無論寫作或攝影，任何形式的創作都需要一定的靈感，這些靈感不會無端發生，而是來自人生長期的累積和選擇。所以最重要的還是找到自己的專屬節奏，因為只有你知道自己到底經歷了什麼心理上的轉折歷程，那些往往就是最好的故事，認真且踏實的好好生活，將分分秒秒盡量用在值得或感興趣的人事物上，同時善待身邊的一切。

千萬別忘了，當人生豐滿了，好事就等在那兒了！

累積選擇，壯大自己的品牌

——Vocal

你是真的選擇了眼前的人事物，還是你「別無選擇」？小時候我們學習控制情緒、克制自己，就是為了在人際叢林生存下去；有時不得不為了累積經驗簽下不平等條約，滿腹委屈還只能回過頭說服自己「吃虧就是占便宜」。

等到我們不斷壯大自己，漸漸擁有「喊價」與「選擇」的底氣，在待人處事上就會更游刃有餘，更重要的是，也讓你擁有「拒絕」的勇氣。例如在職場經過多年累積，存款成為你辭職及挑選職業的本錢；在特定領域擁有受到認可的專業表現後，紮實的基本功也能成為掌握話語權的底氣。

因此，從本質上來說，底氣也是「選擇的權利」，你不會因為眼前無路可走，導致受了委屈還只能陪笑臉繼續做著不開心的事，而是可以氣定神閒的說出該說的話、做對的抉擇，這就是誰也拿不走的底氣。

大多數人都不是天生的人生勝利組，所以無可避免的，我們都需要花很長的時間培養擁有更多選擇的能力，回頭想想，感情、工作、生活方式、職場、人際，哪一個不是這樣？

當我們尚未擁有選擇的底氣時，總是容易過度執著於眼前擁有的，明知對方態度可有可無、甚至軟土深掘，我們還是會說服自己：「我真的很喜歡這個人、這個工作！」但事實不盡然如此，那些容易與你「過不去」的人事物，就像是腳上那雙小一號的鞋子，只會讓你疼痛、受傷，若我們同時有其他更好的工作或對象可以選擇，還會執著於如此不適合或負面的人事物嗎？

經營自己，要衡量得更多一點

近年來，我除了以電競播報為主業，同時透過社群平台書寫、攝影，甚至以演講的方式，和更多人分享人生道路的所思所見，更多元的能力使我有了拒絕與選擇的底氣，無須為了收入勉強自己，而是有餘裕的挑選各種商業合作機會。

還記得數年前，剛開始在風景攝影界嶄露頭角時，曾有相機廠商來信，提議送我一台價值超過萬元的隨身相機，合作的條件是每隔一段時間必須用他們的產品拍照，並將作品曝光於自媒體上。

說真的，這是一台我很感興趣的小相機，若是二十多歲還在當學生時，肯定覺得天降甘霖，不管三七二十一先答應再說。

但時空背景早已不同了，如今旅遊與攝影只是我的興趣，並不是唯一的吃飯工具，每一張在社群媒體上分享的照片，都是那趟旅行中，在最投入、最習慣的狀態下的創作。看著那封廠商邀約信，我想的是，手上突然出現一台不熟悉的相機，我必須先花上許多時間、腦力與新設備磨合，而我所發布的每一張照片，偏偏也都來自我珍貴的時間與腦力，每一張讓人驚嘆的照片，並不像表面所呈現的那般輕鬆寫意。

有些人也許認為，攝影不過是按下快門、貼上臉書、再寫幾個字交差，但在自媒體當道的時代，別忘記「你」自己就是最需要守護的品牌。若沒有謹慎挑選商業合作案，一旦將廣告文刊出後，外界不見得能理解這些業配文是為了生存，以金流支持創作者產出免費又優質的作品。

換言之，每當觀眾看到廣告置入，某種程度上算是對個人品牌的耗損，我必須花費更多力氣以彌補流失的讀者群。

對於每位認真的自媒體創作者而言，只要接到商業邀請，都是對人氣與風格的一種肯定，但當雙方的條件兜不攏時，我會建議別為了收益或人情，勉強自己進入不適合的工作情境，因為「婉拒」也是一門藝術。

幾經權衡後，我認為和相機的價值相比，旅行與創作的自由更顯珍貴，即使這是一台令我動心的相機，但我大可自己買下，並在沒有時間與廣告壓力的前提下慢慢摸索，即使同樣是拍照、寫文章，但對我、甚至對讀者而言，都會產生截然不同的感受。

冷靜思考了幾天，我誠懇的向對方道謝，謝謝他對我的欣賞與厚愛，並如實說出我的想法。俗話說「買賣不成仁義在」，雖然我們沒有達成一次圓滿的合作，但在溝通的過程中，彼此都留下很好的印象，相信日後若對方提出更適合的方案，我將很樂意與他們合作完成一些有趣的事情。

當你有了更多選擇的機會，在人生的各種場合就有更多思考的餘裕，也能在內心累積敢於拒絕的力量。先別提那些年少時在職場上被欺負的無奈，未來就算遇到這種天上掉下來的禮物，也未必只剩「收下」的一種答案了。

這套心法不只在自媒體經營是如此，人際關係、男女交往甚至是職涯的選擇，其實都是一樣的。眼前的選擇越來越多，就不用如同抓緊汪洋中的浮木，只能低姿態的賴著，任憑尊嚴遭到踐踏，即使遭打罵都不敢放手。

而且，在這種狀況下，對方會察覺到你對他的依賴，以及低到不能再低的自尊，若遇到心存不善的人，結局通常是費了最大的心力，演出一個爛好人的角色，傷神、傷財、傷心，最後卻落得一場空。

許多人生的道理，都必須從親身實踐中一次次學習，不斷從磨難中再站起來，才能無限壯大自己。我常鼓勵那些年輕的孩子們，尚未擦亮自己的品牌之前，也許一時迫於無奈，不得不被軟土深掘，那也是一時間難以避免的，但千萬別忘記，即使身處逆境，仍要思考自我「品牌」的利弊平衡，為自己儲備能量。

追求快樂，不如培養長期的踏實

——Vocal

我喜歡電競，但我的人生不會只有電競，活到這個歲數，我能做更多好事。在電競之外，我喜歡為自己帶來多一點嘗試跟挑戰，例如持續旅行與寫作分享美好。即使步入中年，我還是覺得要對生活和未來有願景，期待到不同的地方生活與人交流，藉由我的鏡頭與文字，將生活中的所見所聞帶給大家。

畢竟網紅的世界大起大落，風向與潮流隨時改變，許多人一站上金字塔頂端，轉眼就摔落神壇。正因為人生的高高低低總是相隨而來，因此不用過度期待快樂，也無須對未知感到恐懼，而是帶著坦然的態度，去面對生命中突如其來的酸苦甘甜。成功時不狂喜，難過時也不自棄；

高潮時仍待人如初，低谷時好好照顧自己。

走過不惑之年，不知不覺看了四十個春夏秋冬，你可曾發現，小時候的秋天也是秋天，落下的黃葉、樹上的楓紅與颯爽的風依舊，季節之美不因歲歲年年而有太大的變化，但在我踏上攝影之路後，才學會用另一種角度欣賞四季遞嬗之美。

很多事情也是一樣，唯有走過、活過、經歷過，才會打開五感，以新的視角凝視生活中所熟悉的一切。

就像曾被大家認為打電動沒有出息的孩子，沒想過會在這條路上走得又遠又長；昔日不善言辭的孩子，沒想過有一天會站在主播台上；習慣安逸的自己，沒想過有朝一日會克服惰性，以快門凝結無數美好時光，透過網路和大家分享。

這些年來，我每天工作完後，都會花時間挑選照片、後製，再將當下的想法形諸文字，有時候甚至天色都露出魚肚白了，才完成當天的社群發文。每天都做這樣的事情，確實蠻累人的，但這些努力與付出，沒有人逼我，都是自己甘願的，因為在有一點壓力的狀況下，才能讓我不知不覺累積無數的作品和回憶，對我來說是收穫大於付出。

面對各種選擇，我們忠於想望，不辜負心底深處勇於嘗試的自己，也不等到物是人非才驚覺可惜，與其「追求」一時的快樂，不如在日常生活中慢慢「培養」長期走在自己軌道上的踏實感。

人的一生濃縮成短短四字不外乎「生老病死」，過了某階段後，每一天都像在跟時間賽跑，永遠不知道無常和明天哪一個先來到，好好的人有一天就走不動了；運動健將有一天也得持拐杖前行；自己臉上也會逐漸留下歲月的痕跡。

這些隱藏在「歲月靜好」底下的逝去，就如同掌中流沙，抓不著也留不住，無論目標多長遠，只要能具體落實在生活中，多給自己有興趣的事情一點點機會，終有一天，過去、現在和未來，都會陪著你找到屬於自己的快樂之鑰！

在男性主流的競技場，以努力贏得尊敬

——小蘭

賽車是一項由男性主導的運動，突然有女性車手竄出頭，往往容易成為媒體採訪的焦點，一舉一動更容易被放大檢視。我剛開始跑比賽時，真的常有人在背後耳語：「這個女生是來作秀的，她來玩玩的吧，根本不是真的喜歡賽車。」我不想被人看不起，我告訴自己，唯一能證明自己的方式，只有不斷的努力。

有很多種方式都能獲得尊敬，努力、堅持、成績，都可以證明自己的態度，一切看你如何定義。但現實是不管在台灣還是國際車壇，要成為一名優秀的賽車手，並不是靠著天分或熱情就能實現的目標，我年過三十才半路出家，無論經濟狀況、體能，都無法和其他正值顛峰的車手相比，我很清楚，若以成為世界第一的女車手為目標，這個夢想恐怕和我有相隔好幾輩子的距離哪！

女性在賽車界的限制，和男性最關鍵的差別就是「體能」，但我一直相信透過訓練可以縮小先天條件的差異，因此我選擇讓同業尊敬的方式，就是不斷進步。

大約從二〇一五年開始，只要沒有其他工作，我就會前往卡丁車賽場練習，近幾年除了房車拉力賽，也漸漸將賽車的重心轉往卡丁車。

剛開始接觸卡丁車時，我沒有幫自己特意設定什麼目標，只是在場內一直繞、一直繞，讓身體習慣重心的改變與貼地的速度感，心想著多練一天是一天，體力能往上進階一格是一格。

真要說起來，我唯一給自己的目標就是在每一回合或每一圈，一定要比上一回合、上一圈快，即便只有零點幾秒也沒關係，只要做到了我就很開心。我沒跟任何人比較，所以每次開車都超快樂。

一般人開的是娛樂用卡丁車，動力比較小，著重於讓沒開過卡丁的玩家體驗貼地感與速度感；而我開的是競技卡丁車，和過去所熟悉的房車不同，卡丁車的車體結構相對赤裸，少了遮蔽、避震與動力方向盤，加速比一般汽車更快，因此需要更多的駕駛技巧與體能條件，每當高速過彎時，頸部所承受的壓力很大，即使戴著全套護具，還是很容易受傷。

我常覺得，開卡丁車就像是練習駕車的基本功，過程得用到全身肌肉，比房車賽事更消耗體力，尤其轉彎時側向的「G力」很大，如果肌耐力不夠，會歪著脖子開車，常常經過一整天的「磨練」，最後讓人連挺直脖子的力氣都沒有！

在卡丁車的賽場上，車體也有等級之分，段速越高車速越快，相對的比賽時必須承受的重力與危險性也越高。其中，六段速是卡丁車的極限，極速甚至可以突破兩百公里。

原本我在練習與比賽時，都是駕駛四段速的卡丁車，當時少有人挑戰六段卡丁車，但我想突破自我，於是在二〇一七年底，我向教練表示，希望可以挑戰強度最高的六段速卡丁車。

過去從來沒有女性挑戰卡丁車的極速，教練擔憂的問我：「妳確定嗎？」他說若我下定決心，會盡一切努力，幫我把車子狀況調整到最好。

用成績說話，撕下性別標籤

由於我平日還有試車與教練等工作，等到真正有空檔為賽事備戰時，只剩下短短三天的時間。記得剛開始駕馭六段速的卡丁車時，身體一度無法適應極速反饋的作用力，開不了幾圈就得暫停休息，握著方向盤彷佛聽得見砰砰砰的心跳聲，連自己都無法想像正式上場時會碰上什麼樣的狀況。

到了正式比賽那天，我戴上頭盔、進入賽道，那一瞬間龐大的企圖心蓋過所有的不安，我雖然是全場唯一的女性，但是男是女並不重要，當我握著方向盤時，眼前唯一的目標是運動比賽時最重視的東西：成績。

我將注意力專注在競速的當下，最後以第四名完賽，也用實際成績向過去的流言蜚語證明「我是玩真的」！當大家看到妳的進步，對妳的看法自然而然會隨之改觀。

一般人認為賽車很危險，但我幾乎沒因為賽車受過傷，唯一一次印象深刻的受傷，竟然是為了「搬」卡丁車拉傷。每次賽前，我們要將卡丁車從車架搬到地面，一台卡丁車的重量動輒上百公斤，雖然我抬不動，但我找人幫忙時一定一起動手，絕對不會因為我是女生就站在一旁袖手旁觀。我常想，既然已經選擇在男生為主的領域裡闖蕩，就要先撕掉性別的標籤，只有這樣才能在充滿陽剛氣息的賽車場上，以實力說話。

在開始經營臉書粉絲頁後，我曾收過上百封訊息，都是問我：「該如何跨入賽車產業」「我想成為選手、想找企業贊助，可以教我嗎？」

但坦白說現實上並不如大家所想的那麼容易。台灣沒有成熟的賽車文化與相關產業，不像國外的賽車歷史悠久、資源豐富，甚至有許多賽車世家；在台灣，賽車不是一般企業會大力投資的熱門運動，因此台灣賽車手也較難像國外的職業賽車手那麼容易找到贊助、可以全年不斷投入訓練和比賽。但也因為這種種現實，讓我學習調整心態，不再困於外界的耳語和眼光，如今我依然享受開車，而且更懂得以惜福的心態上場，無論輸贏都珍惜每一次比賽的機會。

卸下賽車手的身分，我同時也是兩個孩子的媽媽，回歸到家庭裡，我常覺得自己是個囉嗦的虎媽，但只要有機會，我會和孩子們分享，不管在什麼領域，美夢成真的唯一的方式就是一次比一次進步，用實力撕掉外界貼在你身上的那些標籤。對我而言，圓夢路上最關鍵的信念，就是不過度逞強也不輕易示弱，才能贏得尊敬。

拉力賽的體悟：追夢不嫌老

——小蘭

隨著年歲的增長，生命漸漸不再只有自己，從只要對自己負責的女孩，成長為讓人依靠的角色，我的肩上有了更多的責任，必須照顧父母，也有了需要守護的家庭。我在認識先生沅仔的時候才剛開始接觸賽車，也是在孩子出生後才真正成為業餘賽車手。

以前我是一個不折不扣的月光族，把薪水都拿去改車了，有時候甚至改到身上只剩五百元可以幫車子加油；可是當兒子出生，我的母愛就自然滋長出來了，當聽見寶寶的第一聲啼哭，我明白為母則強，除了在生活與興趣之間找平衡，也必須擁有更多的力量，照顧好自己，才有能力去守護生命中最重要的人。

在孩子成長路上，我常因為比賽四處征戰，必須暫時從「媽媽」的角色抽離，但我始終相信，即使多了母親的責任，也不該放棄自己的夢想。

雖然每個人的生活條件不同，但圓夢沒有期限，即使在孩子剛出生時，我必須投入心力照顧孩子或工作分擔家計，讓生活重心回歸小家庭，但看著兒子、女兒一天天長大，我知道他們終有一天會有自己的生活，無論什麼時候，我都可以為了夢想再度勇敢出發。

這些人生的體悟不是憑空而來，很多時候是在拉力賽場上的體悟。

每一個車手，都有一段故事

隨著兩個孩子相繼出生，我和先生沅仔必須更努力，為了穩定的收入，沅仔辭去原本的工作，轉而去車廠賣車，而我們也從賽道競速的領域，慢慢將比賽重心轉移到訓練成本相對低的越野拉力賽。

拉力賽是在道路上駕駛改裝汽車的比賽，這種點到點之間的賽段賽車，採正副駕駛兩人一組的賽制，副駕駛是正駕駛的領航員，猶如抵達終點前的另一雙眼睛，必須熟記路況，協助正駕駛在最短時間內抵達終點。

記得二〇一二年，我第一次與沅仔去保加利亞比拉力賽時，立刻被賽場上各種年紀、不同身分的賽車手帶來一場震撼教育，其中讓我印象最深刻的，是一名滿頭白髮的賽車手。

老先生看上去應該超過六十歲了，坐在副駕駛座的是他的女兒，一聊之下才知道，老先生年年參賽，而在這一年以前，擔任副駕駛的不二人選，是他一輩子相知相惜的髮妻。

夫妻倆一起跑拉力賽，自年輕跑到白頭——光是用想像的，對愛開車的我來說，已經是人生最美好的境界。但他那長年擔任副駕駛的太太前一年突然離世，當所有人都以為二〇一二年不會看見老先生參賽的身影時，女兒決定接棒，陪爸爸繼續參加比賽，支持爸爸的興趣與夢想。

聽到他們的故事時，我感動得熱淚盈眶。隨著年歲增長，現實生活中有許多磨難在在考驗夫妻感情與對夢想的堅持，每當看見拉力賽界出現其他神鵰俠侶，常讓我覺得，若能與另一半攜手在夢想路上堅持到底，即使到老還能一起參加世界各地的拉力賽、看遍不同的風景，將會是短暫人生中最璀璨的回憶。

在那場保加利亞的賽事裡，我們以第二名成績完賽，然而當我們好奇第一名是何方神聖時，竟然發現是一位連續三十年參賽的大法官！平時嚴肅且不苟言笑的他，只要來到拉力賽場，彷彿換了一個靈魂，他說拉力賽是興趣也是夢想，所以雖然平日的工作是大法官，但他持續以熱情和毅力，為人生創造斜槓的驚喜。

拉力賽場上的每名選手，背後幾乎都有一段讓人豎起大拇指的人生故事，每當看見一個又一個堅持夢想的身影，都為我自己帶來更多動力。

媽媽的身分不只是媽媽

仔細想想，無論是少女時期的「殺手蘭」，或是現在粉絲眼中的「小蘭姐姐」，我的靈魂裡就只是那個單純喜歡開車的沈慧蘭。我享受著開車的感覺，也許是開到雲裡不見人的深山、一望無際的大海，或是一片蒼茫的雪地，甚至是風塵滿天的沙地，我享受著與車同行，讓車子一次又一次將我帶到未知的領域。

在孩子年幼時，我曾當過汽車銷售業務、也賣過房子，一方面希望努力工作給孩子更好的生活，另一方面又覺得要多花點時間陪伴他們成長，但即使在最分身乏術的階段，內心那股火苗依然持續在心底燃燒。

直到現在家庭狀況穩定了、健康狀態也良好，我終於又有機會將工作與興趣結合，如願開著各式各樣的車子，透過社群網路和大家分享。

我是何等幸運，守住所愛的家庭與所愛的理想，每一天每一夜都能走在夢想的道路上。

誰說媽媽只能是媽媽？我的母親以身教告訴我，即使年紀大了，也不必因為生兒育女放棄夢想；同樣的，我希望告訴女兒，努力與毅力可以跨越性別的障礙，女人不會因為走入家庭失去自己的人生，同樣可以在各種領域追求自己的夢想！

「媽媽」從來不是為美滿家庭而犧牲的附屬品，只要不曾放棄心中的舞台，在漫漫人生中，還有很多時間和機會可以重新拾起心之所向，擁抱孩子的雙手，同樣也能擁抱自己的夢想。

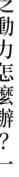

缺乏動力怎麼辦？一起找燃料吧！——神老師

在教室裡我遇過不少瓶頸，但許多時候並不是學生特別頑劣或叛逆，而是有些孩子缺乏內在動力，做什麼都提不起勁，讀書沒興趣，連出去玩也懶洋洋，常把「沒差啊、無所謂、沒興趣」掛在嘴上，彷彿活在自己的世界裡讓人不知該怎麼拉他一把，家長也很苦惱孩子丟三落四、學習動機低落。

在班上有幾個孩子，個性溫和、動作散漫，有一陣子常輪流出現不同狀況，急性子的我用了許多方法還是很難改變孩子的拖延習慣，先不論學習成績的表現，有一陣子我每天都得為了同一件事反覆催促和提醒，卻成效有限。仔細觀察找不到原因，偏又剛好都是很難開口回答的孩子，問所有問題、想跟孩子討論方法，彷彿對著空氣說話。

後來我告訴自己，既然每天都得處理同一件事，代表我的方法錯了，就像妹妹兩歲時的語言障礙，說的話沒有人聽懂，並不是她的聲帶和發音出了問題，而是耳朵中耳積水，一直糾正她發音沒有用，讓她挫敗又焦慮，最後做了中耳通氣管置放手術才得以改善。

我開始反思，是不是把重點放錯位置？一直針對「看得見」的問題去處理，實際上卻是治標不治本。在學校裡，我很有威嚴和經驗都還改善不了孩子的問題，可想而知家長的困難和無力感有多重。於是我重新調整，換個思考模式：試著從不同的角度找找孩子的亮點，在孩子必要做的事情上溫和堅持，在能力無法負荷的事情上減量、降低難度，我心想至少可以做到第一步：讓孩子對學習有期待、來學校是開心的，而不是一直困在挫敗感中吧！

這一天，我到學校後開心的跟每個孩子打招呼，那幾個前一天被我盯得緊緊的孩子都在遲到前一刻進教室，我深呼吸一口氣，有來就好。

其中一個動作很慢的孩子幾分鐘內就把聯絡簿抄完，我跟他說：「你怎麼寫這麼快？是吃了什麼？動作超迅速，字也寫得很整齊！是開了外掛吧！」「來，趁今天動作快，寫幾頁國習，我看看你開外掛有多厲害！（孩子有在玩遊戲）。」當著全班的面誇獎他，結果他一整天速度都很快。

我跟他說：「輔導老師說他的小團輔教室中午上課時很需要你幫忙，你願意去當小幫手嗎？」他開心的笑了起來說：「好！」下課時他還是不願意出去玩，跑來問我：「老師，我可以幫忙擦黑板嗎？我可以幫忙發作業嗎？」我跟他說：「謝謝你！你超棒的，都願意幫忙同學。」

另一個要寫母親節作文已經奮戰第二天的孩子，我找他來，請他說說跟媽媽的互動：你生病的時候媽媽是怎麼照顧你的呢？跟媽媽一起讓你最開心的一件事、你覺得媽媽最辛苦的事……先讓他說一遍，就像是說故事給我聽一樣，說完以後我請他去寫在稿紙上，終於在放學前只剩下一行。

寫得出來就好呀！給些幫助，有寫，再來調整內容和速度。

上國語課的時候只剩下最後五分鐘，我點名請另一個孩子唸課文，他先是不滿大聲問：「為什麼？」我說：「因為我想聽你唸呀！」他說：「容我拒絕……」全班哄堂大笑：「大俠，你從古代來的吧？」旁邊好幾位同學想替他解圍，舉手說：「老師，我幫他唸。」我對著他說：「可是我好想聽你唸課文。你可以唸給我聽嗎？」我以為他會像平常一樣當作沒聽到，沒想到他竟然拿著課本一字不漏的、字正腔圓的把那一段課文唸好了。即使已經下課了，全班還是安靜無聲的聽著他唸課文。一唸完，我和全班的孩子都用力替他鼓掌。我說：「哇！你唸得真好耶！」

一下課他在教室跳起舞來，看起來心情非常好，中午吃飯也吃得很快不再拖拉，雖然臉上還是沒有表情，但感受得到他的心情應該相當不錯吧！我想起心理師說這孩子一年級時在教室和其他人完全沒有對話和互動，現在真的進步好多！

因為母親節的勞作，買了皺紋紙讓孩子們摺康乃馨，全班都很專注的做著，一個孩子用材料做了一朵花戒指要我戴上，在我面前跳舞，說：「老師，這是我送妳的母親節禮物，很美吧！」……中午吃飯時另一個孩子放了音樂，好幾個男生隨著旋律跳起舞來，哇！這些孩子實在太可愛了呀！

放大時間尺度，就能看到一點一滴的回饋

帶特殊的孩子要花很多心力，有時候也會感到挫敗，怎麼做什麼都改變不了呢？怎麼一直重複同樣的問題呢？身在其中時無法看到孩子微小的變化，但是時間拉長來看，我後來發現，從孩子一年級就觀察他的

心理師和特教老師，能發現孩子明顯的進步！

學校幫特殊孩子和家長安排與心理師晤談，心理師有一次問我：「帶孩子時有沒有什麼困難？」

我說了很多狀況，像是聯絡簿常常會缺交，今天沒帶我提醒他，隔天聯絡簿就會出現。心理師說：「老師的提醒他有聽進去耶！」我說他的座位常像炸彈炸過一樣，所有東西都散亂一地，抽屜、書包全部都亂塞。心理師問我：「那妳怎麼處理呢？」我說：「只要經過就會站在旁邊看著他收，其實他的脾氣很好，我請他收桌子、收書包，他都是當下立刻處理，從來不會給我臉色看或是發脾氣。」心理師說：「他能心平氣和的接受老師每一個指令而且確實去執行！」

我說：「不過有時候我沒有盯著，他還沒收完就跑出去跟同學玩了。」心理師說：「他有朋友了！他以前交友非常困難，聊天時同學都不知道他在說什麼，他現在有同學可以一起玩了，實在太棒了！」

我說我們上課時他常會突然蹦出一句話。像那天上課時孩子一直看著我都不動筆，我問他：「你為什麼一直看著我？好看嗎？」那孩子悠悠的說：「只因妳太美～」鬧得全班大笑，超搞笑的！

心理師說：「我很訝異耶！這個小孩小一的時候完全不跟別人互動，無法融入群體。孩子在很安心的地方才能放下心防開玩笑，他能專心聽老師上課、能適時回應情境，他的社會化進步太多了！」

我說：「他常常忘了把作業帶回去，我請另一個孩子幫忙，在每天的最後一節課協助他一起整理書包，但只要幫忙的孩子沒有確認，他就會忘記帶功課回去。我的困擾是我們做很多事來幫他，卻無法讓他自己學會去執行這些動作，有時候覺得自己做的好像是無用的。」

心理師說：「我覺得妳做得超棒的，有發現他的困難，想辦法協助他解決，或許是時間不夠長，這樣的孩子要把習慣內建到腦袋裡需要蠻長的時間，但是我有看到他能接受同學的協助。」

——我為了孩子常缺交作業感到困擾，心理師竟然轉換為他有聽進我的指令！

——我常盯著他收桌子書包，心理師說他有心平氣和的接受指令並確實執行。

——他沒有收完書包就跟同學一起玩耍，心理師卻開心他有朋友了，能跟同學正常互動了！

——他上課開玩笑讓全班哄堂大笑，心理師訝異他能融入群體、而且專注整個情境，還能有適時而正確的回應。孩子能在教室裡笑鬧，是安心的、是開心的。

心理師說：「這個孩子在進步中，很值得為他努力和投資，我覺得每隔一段時間要有人來替你們翻譯孩子的行為反應，一起看看孩子的進步，也要來替你們現場這麼辛苦的老師加加油，我覺得你們做得非常好！」

聽心理師說完回到教室，看到這孩子一如既往的混亂，我覺得他可愛極了。在教室裡我要面對每天處理不完的大小狀況，深陷其中時只能像打地鼠一樣忙於解決困境，然而當我透過心理師和特教老師的角度，跳脫情境和情緒，才能發現原來自己的努力都是有意義的。

不管是孩子、家長、老師還是夫妻，每一個角色都需要鼓勵和肯定。當孩子感到自己被需要，即使是從小小的價值出發，只要能創造正向循環，自然會想做得更好；與其責罵或抱怨孩子不夠努力、不夠自律，往往用正向鼓勵會來得更有效。

長期帶高年級的孩子，對我而言就是這樣痛苦並快樂著，雖然有時不免會陷入與孩子各種狀況奮戰的挫敗中、甚至讓整個班處於低氣壓，但我越來越懂得每一天先忘掉前一天的不愉快，去欣賞孩子今天的努力。即使至今我還沒有找到讓無動力孩子快速奮發、積極進取的特效藥，只能耐心的陪著帶著，但我知道，每一天都是新的開始。

當我用微笑面對他們的時候，他們也用微笑面對我。老師這份工作啊，絕對不會無聊、不會老年癡呆啊！

把夢想看成馬拉松

——神老師

算了算，今年是我成為教師的第二十四年，雖然抱著他人眼中的「鐵飯碗」，日復一日的教學現場也難免有讓人感到疲乏的時候，但近幾年，我發現自己越來越熱愛這份工作，現在就連看著班上的皮小孩也覺得好可愛！

在考上花師幼教系後，我才決定未來要成為國小老師，大學四年除了系上課程還修了國小教育學程，但當時的我還沒有遠大的抱負或理想，只想快點投入職場，以一份穩定的收入，分擔家中經濟壓力。

記得大三暑假必須分發到幼兒園實習，未料到幼兒園報到不過短短幾天，竟讓我看見幼兒園老師毫不隱藏的欺負口語表達能力差的小孩，孩子們不知該如何求救，只能默默的挨打，哭得聲嘶力竭。眼前的畫面簡直讓人怒不可遏，既然選擇成為教育工作者，沒有熱忱就算了，怎麼反過來用權勢欺負弱勢的孩子呢？我不願為了實習成績閉上眼，假裝眼前的一切從未發生過，我向園長投訴，隔天上午即遞上辭呈。

走出幼兒園時，正午的陽光熱辣辣的打在身上，當下心中湧現強烈的使命感：我要保護孩子，絕對不要成為這樣的老師！

畢業後，二十三歲的我回到家鄉，如願成為國小老師。就如同許多新進教師，我在頭幾年也特別在乎學生的課業表現，覺得逼出好成績才有好的將來，甚至在乎成績比在乎孩子的想法還來得多。

我第一次接高年級導師班時，班上有一位個子特別嬌小的男同學，他身形瘦弱，卻非常愛打球，即使每節下課只有十分鐘也要和幾個孩子到球場上來個幾回合，直到上課鐘聲響起，才滿身汗的跑回教室。

那是我第一次帶高年級孩子，對課業要求特別嚴格，而那個男孩來自特殊家庭，成績差又不愛寫功課，尤其英文特別糟糕，我擔心等他上了國中會放棄學習，所以每到下課時間就盯著他背單字。

和打籃球相比，那孩子覺得學英文、背單字簡直是地獄般的考驗，可是為了和朋友們一起去打球，他每天還是努力想辦法達到我的規定。

我難忘十二歲的他，曾雙眼發亮的告訴我：「長大想去打NBA，成為世界一流的籃球員！」可是一旁的朋友們輪流潑他冷水，有人笑他矮冬瓜，還有人說他的夢想簡直是天方夜譚。

但是我鼓勵他：「想去打NBA更要把英文學好耶！不然教練和隊友說話，你怎麼聽得懂呢？」他想了想覺得很有道理，於是每天努力寫功課、背單字，把學生的工作都盡力做好。

兩年過去，我像是他人生的過客，目送孩子們離開校園，再次收到他的訊息時，已是十多年過去了。當年和他一起打籃球的同學，那些身高與體能條件都比較好的孩子，紛紛放棄了國小的夢想，只有他堅持到現在，他雖然沒有當上籃球國手，卻因為太喜歡籃球，而當了大學籃球隊的體能教練、健身房教練。

前幾年他找到我的臉書，傳訊息告訴我，因為當年嚴格要求他背英文單字，使他沒放棄英文，如今工作時遇上外國客人都溝通無礙。

我教孩子，孩子也為我上課

這些年開始有些畢業十年以上的孩子，透過各種方式回來找我，看著學生們的成長，才發現他們用人生為我上了一課。

昔日特別頑皮的他們，即使不擅長讀書，但出社會後找到喜歡的工作、組成甜蜜的家庭，並以自己想要的方式活著。從他們身上，我看見國小成績不過是他們人生中一個小到不能再小的關卡，於是我漸漸放下對學業表現的期待，並把自己當作陪伴者，陪孩子度過成長過程大大小小的風暴，因為每個孩子都有屬於自己的特質與專長。

隨著年紀漸長，我漸漸能用比較圓融的態度看待各種狀況，例如不會因為偷竊大驚小怪，也不會用罪大惡極的態度去看待孩子，我會思考每個負面行為背後的原因，也許是家人疏於陪伴、或是生活中無法被滿足的缺憾。畢竟漫漫人生孰能無過？當我們從根本解決問題時，就有機會拉孩子一把，這是成長的必經之路，即使孩子有錯，也不該被任意對待。

近幾年，我與輔導老師黃為寧互相合作，將校內弱勢孩子安置在安親班，起初只是單純想讓孩子們放學後有個地方可以待著，因為這些孩子放學後容易在外遊蕩，或因為不寫功課與各科老師起衝突、失去對學業的熱情，間接成為社會上的隱形問題。

大約兩年前，我的班上有超過半數孩子來自特殊家庭，但沒有任何一個孩子出現偏差行為！我訝異的與輔導老師核對名單，赫然發現這些已經高年級的孩子，從一年級就在我們的安親班安置名單內，而他們這些年穩定成長，甚至可以從學習中找到成就感。

對這些弱勢的孩子而言，夢想也許是很遙遠的事情，但我常鼓勵他們將夢想視作一場馬拉松，先天條件的弱勢，也許讓你必須跑得比別人久，但只要不停下腳步，還是會抵達終點。

我很慶幸在教學生涯中遇到志同道合的夥伴，我們同樣有著保護孩子的理念，沒有因為看多了而麻木冷血，對每個孩子的處境依然心疼。正因為有個人和你一起努力，會讓你知道，對孩子的付出都是有幫助的，並讓我不斷思考，如何幫助更多的小孩？

我想這是二十四年來在同個工作崗位仍樂此不疲的原因。

如果一路上只有不斷付出，容易使人感到掏空與疲乏，但在這條猶如跑馬拉松的教學路上，孩子與家庭的改變，會帶給我許多力量，使我不忘目標與初衷。就像是沿途不斷收到補給的馬拉松選手，即使跑了二十四年、跑得跌跌撞撞，仍會保持熱情，勇往直前的跑下去。

為自己，活得暢快淋漓

——神老師

這幾年孩子漸漸大了，兩個哥哥都上大學，妹妹能自己煎蛋煮麵，我終於感受到苦盡甘來的滋味。在親子互動中，漸漸能把孩子當成大人理解，並站在「朋友」的角度去陪在他們身邊，感覺自己的心境也跟著年輕了起來。

我跟工程師一直有個共識，孩子們在不同時期有不同的夢想，而我們就是成為他們背後永遠支持的那雙手，當他們有任何感興趣的事物，我們會帶著他們去學習、去挑戰，陪孩子一同探索未知。

於是當孩子上了大學、拿到機車駕照以後，看見爸爸騎著重機的帥氣身影，興致勃勃的說著他也想騎檔車。起初我還有些擔心，但他說：

「去學就好啦！看爸爸騎應該不難吧！」

「去學就好啦！」孩子那胸有成竹的聲音徘徊在腦海之內，曾幾何時我們都成了過度擔憂的大人？其實二十歲的孩子們才正要開始面對各種人生中的挑戰呢！

與其讓孩子在外跟同學借車子騎，不如讓他們騎自家的車比較安全，為了一句帶他們學習的承諾，竟然讓即將邁入半百的我解鎖新的技能，跨上檔車騎回十七歲的夏天。

夢想，帶我回到十七歲的夏天

想起認識工程師的第一天，我去海洋大學打桌球，他被他們隊長抓住，騎著野狼機車載我回家。他大二、我高二的那一年，他每天騎著「追風」在校門口等我，只要聽見放學鐘聲，我恨不得飛出校門，在女孩們欣羨的眼光中呼嘯而去。

他載我去九份看海、去雙溪吃陽春麵、去鼻頭角看日出，雖然從小住在海邊，但有他陪著，再平凡不過的潮起潮落，落下的都是滿天愛心。

他就讀研二那年，騎車載我上合歡山武嶺，我們面對群山許下心願，他說：「等我們以後存夠了錢，一人騎一台重機去環島！」那時覺得好浪漫，兩台重機一起出遊多帥氣呀，我笑瞇了眼，抱著他甜甜的點了點頭。

哪知三十年過去，我人都老了，竟然連普通重機的駕照都還沒考。

知道兒子想學檔車，工程師比我們所有人都還興奮，就像是小男孩看見新玩具般，隔沒幾天就先訂了一台拉風的檔車。而我想示範給沒有太多動力的兒子看，媽媽面對一個小小的機車駕照考試都這麼認真努力，年近半百才考到普通重機駕照，隔天就能騎檔車上路，還發下宏願，要騎車挑戰環島……不知道我的執行力和不輕言放棄的毅力，能不能多給他們一點動力和信心？

車子的交期長達兩個月，去年暑假為了陪孩子練車，我下定決心去考普通重機駕照，也為自己買了一部輕檔車，還忍不住幻想著：「說不定以後一家五口可以四輛重機一起去環島！」考照前去做體檢時，醫生看到我的年紀覺得簡直太瘋狂了，他忍不住笑個不停，問我：「妳這個年紀要考駕照呀？」我說：「對呀，先拿普通重機，明年再考大型重機！」

回頭看這幾年，無論是桌球、烘焙或是寫文章，不管做任何事情，我都想做到最好，總覺得：「別人可以，我怎麼可能不行？」就像當年為了烘焙，沒時間報名烘焙班，乾脆每周扛了兩百顆蛋回家練習，我用時間換取經驗，用恆毅力挑戰極限。

剛開始與愛車還沒培養出默契，每當上路最怕熄火，更怕被大家看笑話，所以駕照入手後，我每天凌晨四點半起床，趁著路上沒有人車時練習紅燈起步，摸黑熟悉路況並練習過彎。

一個人練習就不怕丟臉，即使熄火也不會緊張，經過幾天的魔鬼訓練，當我連碰上髮夾彎都過得很順利後，確實漸漸體會到什麼是「人車一體」，接連幾天從深夜騎到清晨，我到外木山看日出、去萬里看海，迎著風好像完成一件不可能的任務。

考到駕照的第十天，工程師約我一起騎車出門，第一次上路就去了明池和梨山，算了算超過三百公里。回到家後我累得癱在沙發上，一句話也說不出來，但工程師依然活力十足，笑著問我：「騎車的感覺是不是很棒？」

在還沒學會騎檔車之前，每當他約我騎車出門兜風，我總是很難想像，這麼熱的天氣為何不開車呢？灰頭土臉到底有什麼好玩的？直到自己騎車後，才明白那感覺完全不同，吹著海風、看著海浪，穿梭於山間樹蔭之中，那追風的感覺真是讓人深深著迷！

看我騎出興趣後，他某一天載我去台北，騎了一台掛著我生日車牌的大型重機回家，他說要當我考上駕照的禮物，看著那豔紅流線的車型，我兩眼發光，心裡暗暗想著：這下不考上都不行了！

隨著兩個兒子都上大學，他們騎著車離家了，我們夫妻則像回到青澀歲月，只要一有空檔，就想著兩人一起騎車去哪裡，一起牽著手欣賞熟悉不過的海岸，初戀的青春浪漫又回來了，迎著風的感覺真是不錯，原來心中有夢，真的能讓人回到十七歲的盛夏。

幫自己找到安心的支柱

當生命中有了想挑戰的事情時，有一種活得暢快淋漓的感覺，這股流竄全身的動力，也是讓我不斷克服挫折的原因。今年我和工程師加起來剛好滿一百歲，我們約好一起騎車去環島、去台東看熱氣球、去南橫和墾丁，還要上阿里山看神木，每當聊起這個話題，口中的旅遊清單就越來越長。

夜深人靜時，總會想想這些年，我好像一直在完成夢想，養大了三個小孩、住在喜歡的房子裡、開著喜歡的車、出了六本書、跑遍全台宣導融合教育。不管我想做什麼，工程師都隨著我，闖禍的時候、為了夢想碰壁的時候、絕望孤單的時候……不管什麼時候，都有他在身邊，把我從困境裡拉到太陽底下。

他太了解我的個性，給我最大的自由與安全感，並放飛讓我做自己，即使結婚二十幾年，成為三個孩子的媽，他還是不斷鼓勵我追求夢想。

以前常覺得，圓夢的路上最需要的是堅強的恆毅力，是對特定領域持續專注的熱情，以及抱持堅持到底的決心，但現在我認為，若能在這些嚴格的意志力之外找到一股支持你的溫暖力量，碰到挫折或低潮，就能彼此互相鼓勵、一起成長。

十七歲那年，我們約好一人騎一台重機去環島，時隔三十年，我還在一步一步完成那個被孩子、工作與柴米油鹽醬醋茶所淹沒的夢想，但我相信，我已經走在屬於自己的圓夢之路上。

追夢一家

時而堅韌、時而溫柔，那些神媽媽教會我的人生大小事

作者	沈昌賢 沈雅琪 沈慧蘭
圖片提供	沈昌賢
文字協力	邱璟綾
封面設計	BiancoTsai
內頁設計、插畫	周昀叡
主編	莊樹穎
行銷企劃	洪于茹、周國渝
出版者	寫樂文化有限公司
創辦人	韓嵩齡、詹仁雄
發行人兼總編輯	韓嵩齡
發行業務	蕭星貞
發行地址	106 台北市大安區光復南路 202 號 10 樓之 5
電話	(02) 6617-5759
傳真	(02) 2772-2651
劃撥帳號	50281463
讀者服務信箱	soulerbook@gmail.com
總經銷	時報文化出版企業股份有限公司
公司地址	台北市和平西路三段 240 號 5 樓
電話	(02) 2306-6600

國家圖書館出版品預行編目 (CIP) 資料

追夢一家／沈昌賢，沈雅琪，沈慧蘭合著｜第一版
臺北市：寫樂文化有限公司，2023.09
面｜公分｜ ISBN 978-626-97609-0-9（平裝）

528.2 112011487
1.CST: 親職教育 2.CST: 家庭教育

第一版 第一刷 2023 年 9 月 22 日

ISBN ｜ 978-626-97609-0-9